Manual atualizado de rotinas do
DEPARTAMENTO MÉDICO-LEGAL
do Estado do Rio Grande do Sul

Conselho Editorial
André Luís Callegari
Carlos Alberto Molinaro
Daniel Francisco Mitidiero
Darci Guimarães Ribeiro
Draiton Gonzaga de Souza
Elaine Harzheim Macedo
Eugênio Facchini Neto
Giovani Agostini Saavedra
Ingo Wolfgang Sarlet
Jose Luis Bolzan de Morais
José Maria Rosa Tesheiner
Leandro Paulsen
Lenio Luiz Streck
Paulo Antônio Caliendo Velloso da Silveira

M294   Manual atualizado de rotinas do Departamento Médico-Legal do Estado do Rio Grande do Sul / Francisco Silveira Benfica ... [et al.]. – 2. ed., rev. e ampl. – Porto Alegre: Livraria do Advogado Editora, 2015.
150 p.; 23 cm.
Inclui bibliografia e anexos.
ISBN 978-85-7348-932-3

1. Medicina legal. 2. Perícia médico-legal. 3. Departamento Médico-Legal (RS) – Manuais, guias, etc. I. Benfica, Francisco Silveira. II. Vaz, Márcia. III. Rovinski, Marcos. IV. Costa, Mario Sérgio Trindade Borges da.
CDU 340.6
CDD 340.7

Índice para catálogo sistemático:
1. Medicina legal   340.6

(Bibliotecária responsável: Sabrina Leal Araujo – CRB 10/1507)

Francisco Silveira Benfica
Márcia Vaz
Marcos Rovinski
Mario Sérgio Trindade Borges da Costa

Manual atualizado de rotinas do
DEPARTAMENTO MÉDICO-LEGAL
do Estado do Rio Grande do Sul

2ª EDIÇÃO
Revista e Ampliada

Porto Alegre, 2015

©
Francisco Silveira Benfica
Márcia Vaz
Marcos Rovinski
Mario Sérgio Trindade Borges da Costa
2015

Edição finalizada em agosto/2014

Capa, projeto gráfico e diagramação
Livraria do Advogado Editora

Revisão
Rosane Marques Borba

Direitos desta edição reservados por
Livraria do Advogado Editora Ltda.
Rua Riachuelo, 1300
90010-273 Porto Alegre RS
Fone/fax: 0800-51-7522
editora@livrariadoadvogado.com.br
www.doadvogado.com.br

Impresso no Brasil / Printed in Brazil

Os autores agradecem a colaboração dos peritos médico-legistas e odonto-legistas do DML, peritos do Laboratório de Perícias, técnicos em perícia do DML e funcionários administrativos que contribuíram para a realização deste novo protocolo de rotinas para o DML. Para entender e registrar o funcionamento e a administração de uma estrutura tão complexa como esta, foi fundamental a participação de vários profissionais que, dentro das suas especialidades, disponibilizaram seu tempo e conhecimento técnico-científico para a construção desta obra.

A perícia é vital para a persecução penal. Os Institutos de Criminalística e os Institutos Médico-Legais devem ser constituídos e organizados de forma autônoma, de modo a neutralizar toda e qualquer ingerência sobre os laudos produzidos. Uma aproximação maior desses órgãos com as universidades, centros de pesquisas e com o Poder Judiciário é fundamental para o Sistema Integrado de Segurança Pública que se pretende instituir. Na maioria dos Estados, os órgãos de perícia estão sucateados, desprovidos de equipamentos modernos, treinamento especializado e distantes da comunidade científica. Eles devem, a curto prazo, estar organizados em carreira própria.

Sistema Único de Segurança Pública – SUSP – ESTRUTURAÇÃO E MODERNIZAÇÃO DA PERÍCIA NO BRASIL – RELATÓRIO FINAL – março/2004, Ministério da Justiça – Secretaria Nacional de Segurança

Nota dos autores à segunda edição

A segunda edição deste *Manual de Rotinas do DML* demonstra a aceitação e interesse pelo tema aqui abordado, o que enche de orgulho o grupo de autores desta obra, que foi idealizada e lançada no bojo de uma série de realizações implementadas pela equipe que assumiu a tarefa de dirigir a instituição a partir de 1997.

Naquele ano, com a oficialização da autonomia dos órgãos periciais consagrada pela Constituição Estadual de 1989, o grupo de peritos que foi investido da Direção do DML tratou de modificar as políticas de gestão do Departamento. Passou-se a não apenas gerenciar as crises, comuns a um órgão com o tipo de atividade executada, mas a planejar e a preparar a instituição para o futuro.

O Manual de Rotinas surgiu como um dos projetos na esteira desse planejamento. E, para nossa satisfação, ao participarmos da Comissão convocada pela Secretaria Nacional de Segurança Pública (SENASP) do Ministério da Justiça para elaborar uma proposta de padronização das instituições responsáveis pela atividade médico-legal no País, foi este Manual que embasou e orientou o trabalho cuja conclusão foi entregue às autoridades da SENASP em 15 de dezembro de 2006, no DML de Porto Alegre.

Agora, nesta segunda edição, ampliada e adaptada a novas realidades, com o amadurecimento que o tempo, a prática e a experiência proporcionam, temos o orgulho e a pretensão de que esta obra possa, além de dar conhecimento acerca das atividades do DML, servir de modelo e material de consulta a outras instituições médico-legais do país.

Mas principalmente, nosso objetivo é criar um referencial de consulta, em que estejam sistematizadas as principais atividades desenvolvidas pelo DML, de forma a esclarecer todos os passos que envolvem a realização de uma perícia médico-legal, desde a sua solicitação até a emissão de um laudo. Essas atividades, assim como as rotinas para sua realização, encontram-se condensadas neste

Manual. Trata-se de um conhecimento fundamental para profissionais das áreas envolvidas com a Saúde e a Segurança Pública, incluindo Poder Judiciário, Ministério Público, Defensoria Pública, Polícia Civil, Polícia Militar, Forças Armadas, além de médicos, advogados, acadêmicos de Medicina e Direito, e demais interessados na matéria.

Porto Alegre, junho de 2014.

Sumário

Abreviaturas e siglas..15
1. Introdução..17
2. Justificativa...18
    2.1. Embasamento jurídico da atividade pericial 19
3. Definição de unidades..20
4. Expressões usadas na atividade médico-legal............................22
5. Exames realizados pelo DML...25
6. Regras gerais dos exames..27
7. Orientações gerais para realização dos exames clínicos...............31
8. Orientações gerais para realização das necropsias.....................38
    8.1. Orientações Técnicas..38
    8.2. Admissão de cadáveres...42
    8.3. Realização de necropsia..44
    8.4. Liberação de cadáveres...46
    8.5. Liberação de cadáveres para cremação.............................48
    8.6. Necessidades básicas para uma sala de necropsia...............48
9. Rotina para realização de exames em ossadas...........................49
    9.1. Admissão de ossadas..49
    9.2. Realização de perícia em ossadas...................................50
    9.3. Liberação de ossadas..51
10. Rotina para realização de necropsias pós-exumações................53
    10.1. Solicitação do exame..53
    10.2. Realização de perícia pós-exumação..............................54
    10.3. Liberação do corpo...54
11. Rotina para encaminhamento de cadáveres.............................55
    11.1. De PMLs do interior para necropsia no DML......................55
    11.2. De PMLs do interior para identificação médico-legal..........55
    11.3. De PMLs do interior para realização de exames radiológicos...................56

12. Rotina para identificação de cadáver desconhecido ou de difícil reconhecimento....57
    12.1. Cadáveres desconhecidos..57
    12.2. Cadáver identificado de difícil reconhecimento..58
13. Rotina para guarda e conservação de cadáver não reclamado..........................59
14. Rotina para sepultamento de cadáver não reclamado e ossada.........................61
15. Rotina para doação de cadáveres para fins de estudo e pesquisa......................62
16. Rotina para realização de aulas, visitas e pesquisas no DML/PML......................64
    16.1. Acesso de alunos ao DML para aulas regulares.....................................65
    16.2. Realização de trabalhos de pesquisa no necrotério................................66
17. Rotina para liberação de informações, cópias de laudos periciais e preenchimento de formulários para seguradoras...69
18. Rotinas e procedimentos para garantir a cadeia de custódia de materiais biológicos enviados ao Departamento de Perícias Laboratoriais..........................72
19. Rotina para realização de exame residuográfico (conforme Portaria IGP/SSP nº 29/2011)..74
    19.1. Procedimento para a coleta de vestígios de tiro de arma de fogo em mãos de possíveis atiradores..74
20. Rotina para realização de exames toxicológicos...76
21. Rotina para coleta de material para exame de DNA..77
22. Rotina para coleta de material para exame de DNA em casos de crimes sexuais...80
    22.1. Procedimentos de coleta...81
    22.2. Identificação das amostras...81
    22.3. Armazenagem das amostras..82
    22.4. Documentação necessária..82
23. Rotina para coleta e envio de material para pesquisa de espermatozoides............83
24. Rotina para coleta de material biológico para exame anatomopatológico..............85
25. Rotina de procedimentos em acidente de punção...86
26. Rotinas do serviço de odontologia legal...87
27. Rotina do serviço de atendimento psicossocial...90
28. Rotina do serviço de perícias psíquicas (psiquiátricas e psicológicas)..................91
29. Rotina do serviço de remoção fúnebre..93
30. Rotina da equipe de transplantes (perícias em doadores de órgãos)....................95
31. Rotina da equipe de exames externos..96
32. Rotina da equipe de controle de laudos e normas técnicas................................97
33. Rotina de identificação do periciado usando o Sistema de Identificação de Pessoas..99

34. Rotina dos serviços administrativos. 100
   34.1. Arquivo. 100
   34.2. Recepção. 102
   34.3. Pessoal. 102
   34.4. Secretaria. 104
   34.5. Reprografia. 106
   34.6. Divisão de Perícias da Capital (DPC). 106
   34.7. Divisão de Perícias Metropolitanas (DPM). 108
35. Rotina para limpeza das áreas do DML. 110
   35.1. Área administrativa. 110
   35.2. Área de atendimento clínico. 111
   35.3. Área do necrotério. 111
   35.4. Orientações gerais. 113
36. Rotina para circulação e acesso ao prédio do DML. 114
   36.1. Acesso de pessoas e veículos pela área do necrotério. 115
   36.2. Acesso de pessoas pela entrada principal do prédio. 116
   36.3. Acesso de professores, alunos e visitantes de instituições de ensino. 118
   36.4. Acesso dos funcionários que prestam serviços regulares ao DML. 118
   36.5. Acesso dos funcionários que prestam serviços eventuais ao DML. 119
37. Rotina de processamento de roupas – lavanderia. 120
38. Rotina para uso dos murais e colocação de cartazes nas áreas internas do DML...121
39. Rotina para preenchimento da declaração de óbito e encaminhamento de
    cadáveres para necropsia. 122
   39.1. Aspectos jurídicos. 122
   39.2. A quem fornecer a Declaração de Óbito (DO). 122
   39.3. Quem fornece a declaração de óbito? 124
   39.4. Encaminhamento das verificações de óbito. 126
40. Endereços e telefones úteis. 128
41. Referências. 131
42. Anexos. 133
   42.1. Modelos de recibos de entrega de declaração de óbito e de cadáver. 133
   42.2. Modelo de comunicação de falecimento para publicação. 134
   42.3. Modelo de termo de doação de cadáver. 134
   42.4. Tabela com orientação para coleta e acondicionamento de materiais para
         o laboratório. 135
   42.5. Exames oferecidos de rotina pelo laboratório de perícias – toxicologia. 136
   42.6. Tabela explicativa para coleta de material para exame de DNA em casos
         de crimes sexuais. 138

42.7. Modelo de encaminhamento para realização de exame complementar........139
42.8. Modelo de relatório de coleta de vestígios de tiro de arma de fogo em mãos..139
42.9. Modelo de solicitação de perícia psíquica..140
42.10. Modelo de documento de orientação para pesquisas no DML.................140
42.11. Modelo de documento de orientação para visitas no DML......................141
42.12. Modelo de termo de confidencialidade...142
42.13. Modelo de encaminhamento em casos de acidentes de punção...............143
42.14. Figuras anatômicas...144

Abreviaturas e siglas

AIDS	– Síndrome da Imunodeficiência Adquirida (sigla em inglês)
AM	– Brigada Militar
ANVISA	– Agência Nacional de Vigilância Sanitária
AVC	– Acidente Vascular Cerebral
BO	– Boletim de Ocorrência
CC	– Conjunção Carnal
CFM	– Conselho Federal de Medicina
CIOSP	– Centro Integrado de Operações da Segurança Pública
CO	– Centro de Operações
COSIT	– Conselho Estadual de Tecnologia da Informação e Telecomunicações
CP	– Código Penal
CPP	– Código de Processo Penal
CREMERS	– Conselho Regional de Medicina do Rio Grande do Sul
CRAI	– Centro de Referência no Atendimento Intanto-juvenil
DC	– Departamento de Criminalística
DEC	– Dependendo de Exame Complementar
DML	– Departamento Médico-Legal
DML-POA	– Departamento Médico-Legal de Porto Alegre
DMLU	– Departamento Municipal de Limpeza Urbana
DNA	– Ácido Desoxirribonucleico
DO	– Declaração de Óbito
DP	– Delegacia de Polícia
DPC	– Divisão de Perícias da Capital
DPM	– Divisão de Perícias Metropolitanas

DPI	– Departamento de Perícias do Interior
DPL	– Departamento de Perícias Laboratoriais
DST	– Doença Sexualmente Transmissível
EPE	– Equipe de Perícias Externas
GALSC	– Guia de Autorização para Liberação e Sepultamento de Corpos
GRC	– Guia de Recolhimento de Cadáveres
HCPA	– Hospital de Clínicas de Porto Alegre
HPV	– Hospital Presidente Vargas
IES	– Instituição de Ensino Superior
IGP	– Instituto Geral de Perícias
IPF	– Instituto Psiquiátrico Forense
MP	– Ministério Público
PAF	– Projétil de Arma de Fogo
PGP	– Protocolo Geral de Perícias
PM	– *Post Mortem*
PML	– Posto Médico-Legal
PMLR	– Posto Médico-Legal Regional
SENASP	– Secretaria Nacional de Segurança Pública
SEP	– Seção de Ensino e Pesquisa
SESF	– Sindicato dos Estabelecimentos de Serviços Funerários
SMS	– Secretaria Municipal da Saúde
SUSEPE	– Superintendência dos Serviços Penitenciários
SVO	– Serviço de Verificação de Óbito
TCE	– Traumatismo Cranioencefálico

1. Introdução

A medicina legal tem uma missão ampla e significativa dentro da esfera da Justiça, no sentido de procurar estabelecer de forma científica a verdade dos fatos na mais justa aspiração da lei. Com o aumento quantitativo e qualitativo da criminalidade, a sociedade, cada vez mais, exige respostas imediatas e eficazes em relação ao esclarecimento dos crimes que estão sendo praticados. A polícia arbitrária e violenta que atenta contra a integridade física do cidadão para elucidar um crime tornou-se objeto do passado. As provas de natureza pessoal, como o interrogatório, o depoimento, o reconhecimento, nem sempre são eficientes e suficientes. Assim sendo, a investigação policial tende a ser cada vez mais dependente de recursos técnicos e científicos, valorizando sempre o exame dos vestígios materiais relacionados ao crime e ao criminoso. A experiência tem mostrado que o juiz, embora não obrigado a decidir conforme o Laudo Pericial, dificilmente o faz em sentido contrário à conclusão da perícia. Desta forma, o aperfeiçoamento das entidades responsáveis pela produção da prova material é fundamental, possibilitando ao Poder Judiciário a adequada aplicação da lei. Com este pensamento, desenvolvemos um projeto que busca demonstrar a todos os interessados nesta área o funcionamento e as rotinas ligadas a um Instituto Médico-Legal. Para atingir este objetivo, utilizamos como referência o Departamento Médico-Legal de Porto Alegre (DML-POA). Procuramos estabelecer uma sistematização de conhecimentos, rotinas de atendimentos e tipos de serviços ligados à área da Medicina Legal, e que julgamos possam servir como um "pronto-socorro" de esclarecimentos para médicos, advogados, delegados, juízes, promotores de justiça, estudantes de Medicina e Direito. O que buscamos, com este trabalho, é relembrar e valorizar as palavras do professor Genival Veloso de França: "a Medicina Legal não pode deixar de ser vista como um núcleo de ciência a serviço da Justiça".

2. Justificativa

Ao Departamento Médico-Legal (DML) compete realizar exames periciais em pessoa vivas, cadáveres e em peças anatômicas, no campo da Medicina Legal e da Odontologia Legal, sempre que requisitados por autoridades policiais, judiciárias ou militares, quando na presidência de inquéritos ou processos, em matéria criminal de sua competência.

Para que possa haver um bom desempenho da atividade pericial também é essencial que se detenha o conhecimento sobre as normas e rotinas que regem a atividade profissional dentro de um Serviço de Medicina Legal, no caso o DML.

O desenvolvimento e distribuição racional do trabalho médico-legal estão baseados em pontos estratégicos, que representam a própria essência da atividade pericial. Alguns destes pontos podem ser assim definidos:

⇒ A atividade pericial é essencial para o estabelecimento da materialidade da prova criminal, estando prevista no CPP.

⇒ O DML é um prestador de serviços, tendo de responder às requisições das autoridades policial e judiciária, sem descuidar do bom atendimento ao público usuário.

⇒ A independência da atividade médico-legal é fator fundamental para a execução das atividades periciais, pressupondo uma autonomia na realização das atividades técnicas e administrativas.

⇒ O aperfeiçoamento técnico e o domínio dos avanços tecnológicos é que permitem o desenvolvimento científico e o aparelhamento dos órgãos periciais. Portanto, investimentos em infraestrutura e especialização profissional devem fazer parte dos objetivos da instituição.

⇒ A atividade é essencialmente pública, sem a interveniência direta de entidades privadas na execução das perícias. No entanto, pode haver a participação de outras instituições (públicas, privadas ou filantrópicas) como suporte da atividade pericial, sempre tendo presente o foco na realização da perícia e na isenção na análise das provas.

⇒ A atividade é fundamental para o funcionamento da Justiça, devendo estar em perfeita integração com Polícia Civil, Polícia Militar, Magistratura, Ministério Público e Defensoria Pública.

Estes pontos representam, na sua essência, os objetivos que todos buscamos: uma perícia eficiente e independente, com resultados produtivos nas investigações criminais.

2.1. Embasamento jurídico da atividade pericial

A atividade pericial está prevista como atividade indispensável no próprio Código de Processo Penal:

> Art. 158: Quando a infração deixar vestígios, será indispensável o exame de corpo de delito, direto ou indireto, não podendo supri-lo a confissão do acusado.

3. Definição de unidades

A ausência de critérios técnicos e operacionais na alocação de postos de serviço aliados à falta de integração de informações e coordenação de atividades ocasiona o desequilíbrio da carga de trabalho entre os postos de serviço e a insatisfação dos profissionais, além da degradação do nível do atendimento, numa demonstração de falta de planejamento. Os investimentos direcionados à criação de postos não prioritários, muitas vezes para atendimento de interesses políticos ou por rivalidades regionais, comprometem a eficácia de toda a atividade pericial.

O sistema de atendimento médico-legal deve estar estruturado em unidades hierárquicas, obedecendo a requisitos geográficos, populacionais, de infraestrutura estabelecida e dados estatísticos de demanda. Estas unidades devem ser coordenadas por um Perito Médico-Legista. Com isso, podemos definir três tipos de serviços:

⇒ *Posto Local (PML)*: unidade estrategicamente localizada, levando em conta principalmente a geografia do Estado e a demanda de serviço, apresentando um poder de resolutividade centrado na *atividade e capacidade técnica do Perito*. Necessidade de peritos: 2 a 3 por unidade;

⇒ *Posto Regional (PMLR)*: unidade de médio porte, localizada preferencialmente em centros universitários, responsável pela coordenação de vários Postos Locais e apresentando infraestrutura, recursos humanos e tecnológicos que permitam um alto poder de resolução. Necessidade de peritos: 5 a 7 por unidade;

⇒ *Centro Estadual (DML)*: a unidade central de atendimento, que atuará como suporte para os centros regionais e, indiretamente, para todos os postos locais, é representada pelo Departamento Médico-Legal da Capital – DML-POA. Este será responsável pela assistência direta da Região Metropolitana, além de prestar auxílio técnico a todas as atividades e exames não realizados pelas demais unidades. Necessidade de peritos, incluindo atividades de plantão, direção, sexologia, psiquiatria, antropologia, perícias diversas, odontologia e exames externos: 60 no total.

A definição do DML-POA, como um Centro Estadual, tem por objetivos:

⇒ *Qualificação científica* das atividades na área de Medicina Legal, com criação de grupos de atuação por especialidade e fixação de profissionais na área da pesquisa e desenvolvimento científico;

⇒ Implementação contínua de projetos visando à *sistematização do trabalho*, priorizando os grandes centros de atendimento ao trauma, com equipes atuando permanentemente, de forma integrada com as autoridades solicitantes;

⇒ Desenvolvimento e aprimoramento de um projeto de *regionalização da medicina legal*, prestando atendimento técnico-científico coordenado para todos os postos de referência no Estado;

⇒ *Aprimoramento técnico* das atividades, através de um programa de formação continuada, com reuniões científicas e administrativas, elaboração de *site* eletrônico com atualização periódica, cursos, seminários e palestras programadas destinadas a todos os profissionais ligados ao DML.

O atendimento médico-legal regionalizado, estruturado através de unidades hierárquicas, tem como base de sustentação um sistema de controle das requisições de exames periciais feito de maneira integrada por todas as unidades envolvidas, e um protocolo comum de emissão de laudos.

Na atividade pericial, o computador é a unidade básica para a redação dos laudos e exames, e os sistemas computacionais de apoio integrados são o elemento de sustentação do controle das requisições, capazes de fornecer informações em tempo real, com rapidez e precisão. Sem estas ferramentas, torna-se muito difícil o desenvolvimento de uma metodologia de gerenciamento técnico da atividade pericial, o que dificulta e retarda sobremaneira a elaboração e emissão de relatórios gerenciais e estatísticos, os quais são fundamentais para otimizar a alocação dos recursos humanos, financeiros e materiais existentes. Além disso, um sistema integrado de controle de requisições e emissão de laudos serve de apoio para administrar a carga de trabalho dos peritos, planejar e controlar as atividades periciais e assegurar o cumprimento de prazos.

4. Expressões usadas na atividade médico-legal

A multidisciplinaridade da atividade pericial e o tecnicismo utilizado na linguagem dos peritos, aliados à dificuldade de interpretação acerca da perícia pelos profissionais de Direito e à falta de interação entre as partes, contribui para que o conteúdo dos laudos se torne, por vezes, de difícil compreensão, gerando questionamento por parte das autoridades requisitantes e ensejando a necessidade de esclarecimentos adicionais ou de perícias complementares. Apresentamos a seguir um vocabulário de termos técnicos utilizados neste trabalho, com os respectivos conceitos, e que servirão de auxílio para o entendimento adequado das rotinas apresentadas.

- ⇒ *Aborto*: em Medicina Legal, é a morte fetal secundária à interrupção da gravidez, em qualquer fase da gestação, provocada por uma ação violenta.
- ⇒ *Cadeia de custódia*: sistemática de procedimentos que visa à preservação do valor probatório da prova pericial caracterizada.
- ⇒ *Cadáver*: o corpo humano após a morte, até estarem terminados os fenômenos de destruição da matéria orgânica. É o nome dado a um corpo, após a sua morte, enquanto este ainda conserva parte de seus tecidos. Após a decomposição de todos os órgãos, músculos e tecidos, o mesmo passa a ser denominado como "ossada".
- ⇒ *Cemitério*: local onde se guardam cadáveres, restos de corpos humanos e partes amputadas cirurgicamente ou por acidente.
- ⇒ *Cemitério vertical*: aquele em que os cadáveres são depositados em nichos sobrepostos, acima do nível do terreno.
- ⇒ *Craniocaudal*: que vai do mais próximo do sistema nervoso central para o mais distante (de cima para baixo).
- ⇒ *Cremação*: a redução de cadáver ou ossada a cinzas.
- ⇒ *Custodiado*: é a pessoa sob a guarda do Estado.

⇒ *Embriaguez*: estado anormal psíquico e neurológico produzido pelo uso de drogas. O conceito de embriaguez não está relacionado somente com o uso do álcool.

⇒ *Exumação*: a abertura de sepultura onde se encontra inumado o cadáver.

⇒ *Inumação*: a colocação de cadáver em sepultura, jazigo ou local de consumpção aeróbia.

⇒ *Lateral*: mais afastado da linha média do corpo.

⇒ *Medial*: mais próximo da linha média do corpo.

⇒ *Mortes de causas naturais*: compreendem os resultados de fenômenos biológicos quase sempre explicados e comprovados pela medicina.

⇒ *Mortes de causas violentas*: podem ser imediatas ou tardias, decorrentes de homicídios, suicídios ou acidentes (trânsito, trabalho, doméstico). Estão bem definidas e ordenadas em lei, sendo tutelado pelo Estado o corpo do falecido, até que a perícia médico-legal seja realizada.

⇒ *Mortes de causa suspeita*: compreendem parte das mortes violentas, até que se prove o contrário. Para que haja a suspeição, deve existir o interesse ativo de quem suspeita, que tem a obrigação de comunicá-la a uma Autoridade Policial ou ao Ministério Público, os quais solicitarão a perícia médico-legal.

⇒ *Mortes de causas desconhecidas*: mesmo que súbitas, diferem das mortes de causa suspeita. É um tipo de morte natural, em que as possibilidades de homicídio, suicídio, acidente ou erro médico não são vislumbradas pelos comemorativos do caso. Neste tipo de morte natural a causa do óbito para ser conhecida necessitará uma avaliação necroscópica clínica e anátomo-patológica para a sua verificação e conclusão, porém nunca uma perícia médico-legal.

⇒ *Nexo causal*: quando se verifica o vínculo entre a conduta do agente e o resultado ilícito.

⇒ *Ossada*: o que resta do corpo humano uma vez terminado o processo de mineralização do esqueleto. É constituída pelo conjunto de ossos soltos do cadáver, ou eventualmente, dos ossos ainda parcialmente unidos com escassa quantidade de tecidos moles.

⇒ *Ossário Coletivo*: vala destinada a depósito comum de ossos retirados da sepultura cuja concessão não foi renovada ou não seja perpétua.

⇒ *Ossário Individual*: compartimento para depósito identificado de ossos retirados de sepulturas, com autorização da pessoa habilitada para tal.

⇒ *Prótese*: é o componente artificial que tem por finalidade suprir necessidades e funções de indivíduos sequelados.

⇒ *P.A.F.*: sigla usada para designação do projétil de arma de fogo.

⇒ *Perito médico-legista*: é o profissional médico-legista aprovado em concurso público específico para a função e nomeado pelo Estado.

⇒ *Peritos "ad-hoc"*: profissionais que, em locais onde não haja peritos oficiais, são nomeados pelas autoridades policiais ou judiciárias para a realização de determinada perícia criminal, sendo nomeados a cada exame realizado.

⇒ *Peritos emergenciais*: são profissionais nomeados pelo Estado após prova de títulos, com treinamento específico e com tempo de contrato limitado.

⇒ *Remoção Fúnebre*: atividade de recolhimento de cadáver do local onde ocorreu ou foi verificado o óbito e o seu subsequente transporte, a fim de se proceder a sua perícia. Atua também no transporte do cadáver para inumação e na busca de cadáver para realização de necropsia pós-exumação no DML ou PML.

⇒ *Sepultura*: local onde se enterram os cadáveres ou restos de corpos humanos (campo, catacumba, sepulcro, tumba, túmulo).

⇒ *Swab (ou Suabe)*: dispositivo contendo uma haste cilíndrica que na sua extremidade apresenta algodão enrolado. É utilizado para coleta de material biológico destinado a estudos periciais.

⇒ *Técnicos em perícia*: são os profissionais técnicos que auxiliam os peritos na execução das perícias, aprovados em concurso específico para a função e nomeados pelo Estado.

⇒ *Traslado*: o transporte de cadáver ou de ossadas para local diferente daquele em que se encontram inumados ou depositados, a fim de serem de novo inumados, cremados ou colocados em ossário.

⇒ *Viatura de remoção fúnebre*: são aquelas que procedem ao transporte de cadáveres, ossadas, cinzas, fetos mortos ou recém-nascidos falecidos no período neonatal precoce, em condições de segurança e de respeito pela dignidade humana.

5. Exames realizados pelo DML

⇒ *Exame de Lesão Corporal*: deverá ser realizado nos casos de lesões corporais que apresentam algum dos resultados previstos nos §§ 1º, 2º e 3º do artigo 129 do CP ou para as lesões leves se a Autoridade Policial assim o desejar.

⇒ *Exame Complementar de Lesão Corporal*: deverá ser feito quando, depois de realizado o primeiro exame de lesão corporal, resultar dependente a resposta aos 4º, 6º, 7º ou 8º quesitos. Salientamos que para resposta ao 4º quesito o periciado deverá obrigatoriamente retornar para novo exame decorridos trinta dias após o evento, não podendo o perito respondê-lo baseado em presunção futura.

⇒ *Conjunção Carnal*: em situações de violência sexual envolvendo relação pênis-vagina, sendo uma das opções de exame para avaliação de estupro em mulheres. O exame para determinação de conjunção carnal, por suas características próprias, deverá ser solicitado somente para mulheres. Os exames periciais não deverão ser solicitados conforme consta no tipo penal (estupro), pois isso inviabiliza a sua inclusão num sistema em que as perícias são codificadas e obriga o(a) periciado(a) a retornar ao local de origem para buscar uma nova solicitação.

⇒ *Ato Libidinoso Diverso da Conjunção Carnal*: este exame deverá ser solicitado para todos os casos de violência sexual que não envolvam a relação pênis-vagina, como nos casos de estupro envolvendo vítimas tanto do sexo feminino, como do sexo masculino.

⇒ *Verificação de Embriaguez*: para os casos de investigação de embriaguez pelo álcool ou outras drogas, buscando identificar repercussões clínicas, psicomotoras e comportamentais do indivíduo no momento do exame clínico. Este exame poderá ser liberado em caráter emergencial já que dispensa a pesquisa laboratorial.

⇒ *Teor Alcoólico*: para as situações em que é necessária a pesquisa e dosagem laboratorial do teor alcoólico, no sangue ou urina. Nesses casos, o perito procederá à colheita do material, preferencialmente sangue, e encaminhamento para o Departamento de Perícias Laboratoriais (DPL).

⇒ *Exame Toxicológico*: deverá ser solicitado para pesquisa de substâncias psicotrópicas, não incluindo a dosagem de álcool, e será feito através de exame de urina. A amostra coletada será encaminhada ao DPL, que emitirá laudo correspondente. Os exames toxicológicos seguem uma rotina de análise, não sendo necessário especificar qual a droga que está sendo investigada. Salienta-se que, no momento, estes exames apresentam resultado apenas qualitativo, não sendo realizados exames para determinação quantitativa das drogas.

⇒ *Necropsia*: exame cadavérico a ser realizado em casos de morte violenta (homicídios, suicídios e acidentes) ou morte suspeita.

⇒ *Necropsia Pós-Exumação*: exame realizado em cadáveres inumados, em que eventuais questionamentos formulados pela autoridade competente exigem a realização de uma necropsia para esclarecimento.

⇒ *Exame em Ossada*: realizado em corpos esqueletizados, ou seus segmentos, procurando estabelecer sua identificação e outros achados de interesse para a Justiça.

⇒ *Perícia Diversa*: exames realizados para avaliação de casos específicos, que necessitem esclarecimentos técnicos especializados e que não se enquadram nos exames tradicionais, com quesitos específicos oficiais. Normalmente é feito através da análise de laudos, prontuários, depoimentos, fotografias e outros documentos, além de proceder à realização das revisões bibliográficas pertinentes.

6. Regras gerais dos exames

O Departamento Médico-Legal realiza perícias exclusivamente em processos de causa criminal, ficando os pedidos para perícias em ação civil a cargo do Departamento Médico Judiciário ou através da nomeação de um *assistente técnico*.

Tendo em vista a informatização dos serviços do DML, que permite a inclusão de requisições de exames apenas por códigos preestabelecidos, a solicitação das perícias foi padronizada de acordo com a literatura forense. Nestas condições os exames médico-legais são realizados *somente* mediante requisição oficial, por parte da autoridade competente, na qual conste o tipo de exame a ser realizado, o órgão solicitante e o registro da ocorrência. Nestas solicitações, necessariamente, o pedido do exame deverá estar de acordo com a relação de exames realizados pelo DML. Cabe ao solicitante especificar o exame desejado para esclarecimento do caso, não podendo o perito subtrair, alterar ou acrescentar pedidos de exame.

As solicitações de exames emitidas pelas autoridades (Delegado de Polícia, Promotor de Justiça, Juiz de Direito, Autoridade Militar presidindo inquérito) não poderão ser devolvidas sem prévia autorização do perito médico-legista responsável pelo atendimento. O encaminhamento de pacientes, de volta ao local de origem, por eventuais erros no preenchimento das solicitações de exames, também somente poderá ser feito após comunicação do fato ao perito responsável e com sua autorização. Tal situação deve ser evitada ao máximo, tentando resolver o problema através de contato direto com a autoridade requisitante antes de reencaminhar o periciado.

A realização de "exames preliminares", ou seja, laudos entregues no momento do exame, está restrita aos casos para verificação de embriaguez e violência sexual (exames de conjunção carnal e ato libidinoso).

O Exame de Corpo de Delito Indireto é previsto na legislação penal – CPP, art. 158 –, como segue:

Art. 158. Quando a infração deixar vestígios, será indispensável o exame de corpo de delito, *direto ou indireto*, não podendo suprí-lo a confissão do acusado.

Da mesma forma, o CREMERS avaliza sua realização (Ofício SAT nº 1698/2008), não havendo impedimento ético para fazê-lo. Portanto, não pode o Perito negar-se a realizar o exame indireto de corpo de delito, quando a autoridade encaminhar documentos idôneos que descrevam os vestígios. Se o Perito constatar que os documentos enviados para a elaboração da perícia não são idôneos para este fim, haverá a possibilidade de recusa em realizar o exame pericial. Neste caso, no entanto, a recusa deverá ser feita enviando-se à autoridade solicitante ofício no qual serão expostas as razões pelas quais foram considerados estes documentos inidôneos.

Conforme Parecer n° 97/2006 do CREMERS, não é permitida a presença de não médico na sala de exames, durante a realização das perícias. Segundo a Câmara Técnica de Perícias Médicas, o segredo médico é um dos pilares do exercício profissional e portanto durante a coleta de dados, na qual podem ocorrer questionamentos de foro intimo, não é permitida a presença de outra pessoa que não seja médica. Exceções ficam a critério do perito, nas situações em que a presença de um acompanhante se torne imprescindível para a elaboração do laudo pericial.

Conforme Resolução do CFM n° 1635/2002, é vedado ao médico realizar exames médico-periciais de corpo de delito em seres humanos no interior dos prédios e/ou dependências de delegacias, seccionais ou sucursais de Polícia, unidades militares, casas de detenção e presídios. É vedado também ao médico realizar exames médico-periciais de corpo de delito em seres humanos contidos através de algemas ou qualquer outro meio, exceto quando o periciado oferecer risco à integridade física do médico perito.

Tendo em vista que os hospitais estão orientados a não prestarem informações sobre pacientes ou remeterem quaisquer documentos sobre os mesmos, recomenda-se que os peritos *não solicitem relatórios hospitalares*, devendo os laudos ser concluídos com os dados disponíveis, consignando na referida perícia que o relatório médico não foi encaminhado pelo hospital (especificar o hospital). Em casos de extrema necessidade, o relatório hospitalar deverá ser solicitado ao setor administrativo do DML/PML, que enviará ofício à Autoridade Policial, solicitando a documentação necessária. O perito poderá também se deslocar até o hospital para consultar pessoalmente o prontuário hospitalar, se assim considerar necessário para o melhor esclarecimento do caso.

É expressamente proibido manter laudos do DML em poder de qualquer funcionário sem o conhecimento e autorização da Chefia imediata. Os documentos periciais *não* podem ser retirados das dependências do Departamento ou Posto Médico-Legal.

Todos os laudos editados deverão ser cuidadosamente revisados pelo perito-relator, antes de serem enviados à autoridade solicitante.

Tendo em vista a Resolução 005/99-COSIT, publicada no Diário Oficial de 21/10/1999, fica proibido o uso de cópias ilegais de programas de computador no âmbito do DML, incluindo o armazenamento de tais tipos de programas utilizando equipamentos da Administração Pública Estadual. Conforme previsto no texto legal, *"a responsabilidade pela infração será atribuída ao(s) funcionário(s) que tenham praticado o ato ilegal, constituindo-se tal atitude, em falta funcional passível de penalidades previstas em lei".*

No DML-POA e nos PMLs, os peritos escalados para o plantão constituem a autoridade máxima presente no Serviço, em especial nos horários noturnos, feriados e finais de semana, quando não há expediente na Direção do DML ou das chefias diretas. Na eventualidade de ocorrerem fatos ou situações imprevistas, que não possam ser solucionadas pelos peritos de plantão, deverá ser acionado o responsável administrativo escalado para atendimento destas ocorrências. A Direção do DML manterá uma escala de peritos com esta finalidade. Os PMLs criarão uma escala própria de atendimento destas intercorrências.

A legislação não é clara quanto ao tempo de manutenção de laudos em arquivos, definição da competência para a sua guarda e destinação dos documentos com prazo de arquivamento vencido. O DML, assim como cada PML, deverá criar um sistema de arquivamento dos laudos até que se tenha uma definição melhor a respeito do tema. Os laudos antigos não poderão ser descartados, devendo ser digitalizados ou arquivados de outra maneira.

A redação do laudo, como qualquer peça técnica, deve ser feita na terceira pessoa, respeitando-se a impessoalidade, e a linguagem utilizada deve ser acessível ao seu destinatário.

No preâmbulo dos laudos, deve constar a hora, o dia, o mês, o ano e a cidade em que a perícia está sendo realizada. Deve consignar ainda a autoridade requisitante do exame, o perito médico-legista responsável pelo exame, o nome do exame solicitado e a qualificação do periciado.

A estrutura básica do laudo deve conter:

a) *Histórico:* anotar o que o periciado relata e quando ocorreu, usando as próprias palavras do periciado. Este item orientará o estabelecimento dos nexos casual e temporal entre as alterações encontradas e o fato em apuração.

b) *Descrição:* descrever, pormenorizadamente, todas as lesões encontradas, suas características, topografia, número e suas repercussões no funcionamento do organismo. Para definir a localização das lesões deve-se utilizar a terminologia anatômica. Quando existirem lesões que não guardam relação ao fato em apuração, elas serão descritas à parte.

c) *Discussão:* estabelecer nexo causal entre os achados do exame e o fato em apuração. Anotar todos os exames e relatórios médicos trazidos pelo periciado, com suas respectivas datas, indicando o nome e o CRM do médico. Caracterizar as lesões que não produzem sequelas e enquadrá-las nos termos do texto dos quesitos. As lesões que não guardam relação com o evento em apuração devem ser elencadas, excluindo-se seu nexo casual com o evento. Informar a necessidade de exame complementar, sua data e finalidade, no intuito de concluir e responder a quesitos que não puderam ser respondidos no presente exame. Informar se as lesões encontradas estão em evolução e quando cicatrizadas se deixaram sequelas.

O perito deve responder aos quesitos com os seguintes termos:

a) *Sim* – quando tem convicção de que ocorreu o que o quesito pergunta.

b) *Não* – quando tem convicção de que não ocorreu o que o quesito pergunta.

c) *Não temos elementos para responder* – quando não tem convicção para responder nem sim, nem não ao que o quesito pergunta.

d) *Prejudicado* – quando a pergunta que o quesito faz não se aplica àquela situação ou quando a resposta anterior prejudica a resposta do quesito seguinte.

e) *Depende de exame complementar* – quando depende de exame laboratorial, da juntada de documentos médicos ou da evolução da lesão, para reunir os elementos necessários para responder ao quesito.

Todo material biológico manipulado nas perícias deve ser considerado como potencialmente infectante. Portanto, os peritos e técnicos em perícia deverão sempre utilizar os equipamentos de proteção individual indicados nesses casos.

7. Orientações gerais para realização dos exames clínicos

Comparecendo o indivíduo para se submeter à perícia clínica, sem qualquer documento de identificação, dever-se-á colher as informações pessoais prestadas e realizar a sua identificação papiloscópica, sugerindo-se a simplificação do procedimento com a colhida da impressão digital do polegar direito aposta no ofício de requisição do exame, que ficará guardada junto com uma via do laudo pericial, no arquivo do DML/PML. Não menos importante, a entrega de cópia do respectivo laudo somente poderá ser feita com a apresentação do seu documento de identidade ou mediante apresentação de procuração por instrumento público.

Na descrição do exame de lesões corporais, recomenda-se agrupar as lesões conforme sua classificação, descrevendo-as em sua localização, tamanho, número e forma. Sempre descrever todas as lesões observadas, mesmo que não se relacionem diretamente ao evento em apuração. Neste último caso, o perito deve consignar que tais lesões não estão relacionadas com o evento em tela.

Avaliar as repercussões funcionais, transitórias ou permanentes, provocadas pela ação violenta, incluindo a restrição de movimentos, a presença de hipotrofias musculares, as assimetrias, utilização de órteses e/ou próteses e alterações da marcha.

Quando não for possível a conclusão do laudo, durante o primeiro exame, devido às lesões estarem em evolução, deve-se consignar que será necessário um exame complementar. O *exame complementar*, que pode ser feito mais de uma vez, é um novo exame realizado no periciado no qual se objetiva complementar a primeira perícia, naquilo que ficou pendente. Normalmente, visa a responder aos 4º, 6º, 7º e 8º quesitos do laudo de lesão corporal.

Quando no exame de lesão corporal o perito constatar a necessidade de um exame complementar para resposta ao 4º quesito (incapacidade para ocupações habituais por mais de 30 dias), este deverá emitir uma solicitação de retorno, consignando a data em que o periciado deverá retornar para submeter-se a esta avaliação. Com esta mesma solicitação, o periciado retornará no dia indicado e será submetido então ao exame complementar de lesão corporal. É fundamental a apresentação desta solicitação para que o exame complementar possa ser realizado.

A indicação da data para retorno e realização do exame complementar de lesão corporal, no DML, é feita através de um *carimbo*, confeccionado para uso exclusivo nestes casos. Neste carimbo consta que "o periciado deverá retornar na data de .... para submeter-se ao exame complementar de lesão corporal". O perito carimba e assina a segunda via da solicitação, que servirá de requisição para o próximo exame. Caso o ofício solicitando o exame tenha sido encaminhado em apenas uma via, o perito fornecerá ao periciado uma solicitação de retorno, conforme modelo elaborado pelo DML (anexo 42.7), especificando a data da nova perícia. A data de retorno para o exame complementar não deverá coincidir com feriados ou finais de semana, e sempre no horário comercial, pois o periciado deverá comparecer primeiro no setor administrativo e solicitar uma cópia do seu primeiro exame.

Quando o periciado retorna para exame complementar para resposta ao 4º quesito tendo decorrido mais de 30 dias do evento, e encontrando-se apto para o exercício de suas ocupações, recomendamos que o perito responda ao quarto quesito da seguinte forma: "O perito não tem elementos para responder ao 4º quesito, tendo em vista haver decorrido mais de 30 dias do evento e o paciente encontrar-se, ao exame atual, apto para o exercício de suas ocupações habituais".

Em caso de recusa do periciado em se submeter ao exame, deve ser consignada, no laudo, tal recusa, e as repostas aos quesitos dessa perícia ficam prejudicadas.

Durante a realização do exame médico-legal de custodiado, no DML, o periciado não pode estar acompanhado de escolta nem algemado, salvo nos casos em que a segurança do perito esteja em risco.

O exame do periciado deverá ser realizado sem a presença de outras pessoas, salvo quando se fizer necessária a presença do acompanhante (crianças, idosos ou indivíduos com qualquer deficiência que impeça o exame).

Sempre que possível, não omitir a "figura anatômica" nos exames com lesões produzidas por projétil de arma de fogo (PAF) ou arma branca. Na figura anatômica da vítima com ferimentos por PAF recomendamos assinalar as lesões com as expressões "entrada PAF" ou "saída PAF". Se as lesões estiverem cicatrizadas, fazer apenas a identificação dos locais das cicatrizes.

Sempre que possível, ilustrar o laudo com fotografias, principalmente nos casos envolvendo "meio cruel', "deformidade permanente" e crianças vítimas de maus-tratos.

Solicitações de relatórios ou prontuários hospitalares para complementação de uma perícia só poderão ser encaminhadas com autorização por escrito e assinada pelo periciado ou seu responsável legal. Prontuários médicos não são enviados pelos hospitais ao DML/PML, exceto se houver autorização por escrito do paciente. Poderá, no entanto, o Perito Médico-Legista se deslocar até o hospital que realizou o atendimento no periciado, onde então analisará os documentos médicos necessários para conclusão da perícia.

A realização dos exames de lesões corporais em pacientes acompanhados pela Autoridade Policial *não* pode estar baseada somente na negativa de lesões por parte do periciado. Como parte do exame físico, a inspeção corporal deve ser feita da forma mais completa possível, dentro da prudência e da segurança que a ocasião exigir. É importante conferir se o processo de identificação do periciado foi realizado, incluindo a coleta das impressões digitais no ofício solicitante, quando da não disponibilização de um documento de identidade.

Conforme *Resolução CFM nº 1.635/2002:* "é vedado ao médico realizar exames médico-periciais de corpo de delito em seres humanos no interior dos prédios e/ou dependências de delegacias, seccionais ou sucursais de Polícia, unidades militares, casas de detenção e presídios". Essa resolução, como já visto para efeitos éticos, também tem força de lei. No caso de ordem judicial, para realização dos exames nestas condições, a Resolução 1.635/2002 tem força para justificar a recusa do perito em se deslocar ao presídio ou cadeia pública, devendo o médico-legista, mediante ofício, encaminhar ao magistrado, com sua justificativa, cópia da citada Resolução. No caso de requisição por parte de delegado de polícia ou autoridade militar, deve o perito justificar-se perante as referidas autoridades do mesmo modo. Cabe salientar que o perito que desobedece a esta Resolução, por pressões ou ameaças, está sujeito a sanções por parte do CFM, por força do disposto no art. 45 do Código de Ética Médica. Esta Resolução define também que "é vedado ao médico realizar exames médico-periciais de corpo de delito em seres humanos contidos através de algemas ou qualquer outro meio, exceto quando o periciado oferecer risco à integridade física do médico perito".

No exame de lesões corporais, quando o(s) ferimento(s) estiver(em), recoberto(s) por curativo(s) que *não* possa(m) ser removido(s) e o periciado *não* portar documentos médicos, a resposta ao primeiro quesito deverá ser "não temos elementos para responder", e ao segundo quesito, que se refere ao instrumento que causou a lesão, deverá ser "prejudicada".

Em Porto Alegre, crianças e adolescentes (menores de 18 anos) *vítimas de violência sexual*, acompanhados de Autoridade Policial, Conselho Tutelar ou outra entidade responsável que venham à perícia no DML, entre as 8 e 17 horas deverão ser encaminhadas ao Hospital Materno-Infantil Presidente Vargas (HPV), no CRAI – Centro de Referência no Atendimento Infanto-Juvenil para realização do exame. Os periciados acompanhados apenas por familiares e que não disponham de recursos para deslocamento ao HPV-CRAI terão suas perícias realizadas no DML, pelos peritos da equipe de plantão do dia. Esse procedimento poderá ser aplicado pelos Postos Médico-Legais das cidades que tiverem serviços de atendimento semelhantes.

Em relação aos exames em sexologia, os peritos devem sempre questionar, em relação ao caso em análise:

a) Se a paciente manteve conjunção carnal (CC) ou atos libidinosos diversos da CC;

b) Se houve violência ou grave ameaça;

c) Com quantas pessoas manteve relações sexuais;

d) Quando foi a última relação sexual consentida;

e) Com quem foi a última relação sexual consentida;

f) Quando foi a última menstruação;

g) Se usa ou usou algum método contraceptivo;

h) Se realizou higiene íntima após a relação sexual;

i) Outras questões que possam ser importantes para a perícia.

Fatores como gestação ou menstruação não são impedimentos para a realização de exames de conjunção carnal, atos libidinosos diversos da conjunção carnal, verificação de aborto, nem para eventuais coletas de material. Estas condições devem ser mencionadas no laudo, na descrição do exame.

Quando houver suspeita de conjunção carnal ou ato libidinoso (coito anal), até 72 horas após o evento, deve o perito:

a) Encaminhar a periciada para anticoncepção de emergência e profilaxia de doenças sexualmente transmissíveis em hospital de referência.

b) Coletar, com swab, material de secreção vaginal e/ou anal para pesquisa de espermatozoides, e espalhar o material em uma lâmina e fixar com fixador. O material deve ser encaminhado ao laboratório de patologia do DML.

c) Coletar material de secreções para pesquisa de DNA, observando as orientações do anexo 42.6 "Tabela Explicativa para Coleta de Material para Exame de DNA em Casos de Crimes Sexuais".

d) Se houver suspeita de material do ejaculado em vestes ou roupas íntimas, estas devem ser acondicionadas e enviadas ao laboratório para pesquisa de DNA, independente do tempo transcorrido do evento.

Nos casos de coleta de material para pesquisa de espermatozoides em mulheres com hímen íntegro, *definir claramente* se foi colhido da vulva ou da região vestibular (exteriormente ao óstio) ou do canal vaginal (internamente ao óstio himenal). A expressão "introito vaginal" é dúbia e não deve ser utilizada.

Quando a vítima apresentar hímen complacente, sem qualquer outro vestígio de conjunção carnal, o perito deverá informar que o hímen complacente permite a penetração do pênis na vagina sem se romper, sendo que neste caso não há elementos para responder se houve a prática libidinosa.

Em caso de solicitação de exame pericial para identificação e/ou retirada de corpo estranho em cavidades vaginal ou anal, a rotina é:

a) Explicar à autoridade solicitante/acompanhante que este tipo de procedimento não pode ser feito no DML, tendo em vista os riscos inerentes à manipulação de um corpo estranho nestas cavidades e à falta de recursos para atendimento de uma eventual intercorrência nestes casos.

b) Orientar a autoridade que acompanha o caso a levar o periciado(a) até um hospital ou unidade de atendimento médico de urgência para que este procedimento médico seja realizado.

c) Cancelar o pedido do exame caso este já tenha sido cadastrado.

Crianças ou adolescentes vítimas de violência deverão ser encaminhadas ao Serviço de Atendimento Psicossocial, no DML Porto Alegre ou nos PMLs que disponham desse serviço, sempre que este se encontrar em funcionamento e houver concordância da parte que acompanha a vítima ou seu representante legal, no momento do exame pericial. Tal encaminhamento poderá ocorrer antes ou depois da perícia, dependendo das condições na ocasião. Nas perícias realizadas à noite ou nos finais de semana, os periciados deverão ser informados que o Serviço de Atendimento Psicossocial poderá atendê-los nos horários diurnos, de segunda a sexta-feira.

Os exames de conjunção carnal e ato libidinoso são momentos únicos para a coleta de materiais e evidências biológicas. O retorno da vítima para coleta posterior torna-se prejudicada no momento em que esta já realizou a higiene íntima e/ou muito tempo passou-se após o crime.

Em relação aos exames para *verificação de embriaguez*, deve o perito priorizar, na sua conclusão, o exame clínico. Algumas conclusões sugeridas sobre as condições do(a) periciado(a):

a) Apresentava ou não apresentava alteração da capacidade psicomotora em consequência da influência do álcool (embriaguez);

b) Apresentava ou não apresentava alteração da capacidade psicomotora em consequência da influência de substância psicoativa (embriaguez)

c) Apresentava ou não apresentava alteração da capacidade psicomotora em consequência da influência do álcool e/ou de substância psicoativa (embriaguez)

d) O exame clínico não evidenciou alteração da capacidade psicomotora (embriaguez) mas o exame laboratorial para pesquisa de álcool ( ) no sangue apresentou resultado de .... dg/l ( ) na urina apresentou resultado positivo.

e) O exame clínico não evidenciou alteração da capacidade psicomotora (embriaguez) mas o exame laboratorial para pesquisa de substâncias psicoativas na urina apresentou resultado positivo para ....

f) O exame clínico evidenciou alteração da capacidade psicomotora (embriaguez), não podendo, no entanto, o perito definir o tipo de substância causadora, face à recusa do(a) periciado(a) em coletar material para os exames laboratoriais.

g) O(a) periciado(a) não apresentava alteração da capacidade psicomotora (embriaguez), mas evidenciava sinais clínicos de estar sob influência de álcool ou de substância psicotrópica, caracterizados por ....

No caso de exames preliminares para verificação de embriaguez, sugerimos as seguintes conclusões:

a) O(a) periciado(a) apresentava ou não apresentava alteração da capacidade psicomotora (embriaguez) no momento do exame.

b) O(a) periciado(a) não apresentava alteração da capacidade psicomotora (embriaguez), mas evidenciava sinais clínicos de estar sob influência de álcool ou de substância psicotrópica, caracterizados por ....

c) O periciado recusou-se a realizar o exame pericial.

Quando o periciado se nega a realizar os testes neurológicos para o exame de verificação de embriaguez ou a retirar toda a roupa para a realização do exame de lesão corporal, o exame pericial deverá ser descrito com os achados que puderam ser identificados, ficando consignado no laudo as condições em que este exame foi realizado.

Quando examinados forem submetidos a exame médico para coleta de sangue ou urina, nos casos de suspeita de embriaguez, este procedimento não poderá ser realizado contra a vontade do periciado, considerando a facultatividade na realização dos exames, em face do postulado constitucional de que ninguém é obrigado a produzir prova contra si mesmo.

Exames periciais envolvendo análise de procedimentos médicos, evolução de doenças ou de situações traumáticas e exames indiretos de corpo de delito poderão ser encaminhados à Seção de Perícias Diversas do DML. Nestes casos, em regra, não há o exame do periciado, apenas a apreciação de documentos enviados pela autoridade requisitante da perícia. Havendo a necessidade e possibilidade de exame pessoal, esta perícia será agendada pelo perito responsável pelo caso.

Dentro da definição de lesão corporal, a maioria dos procedimentos clínicos, cirúrgicos e odontológicos que envolve "Erro Médico/Odontológico" não é considerada lesão corporal, a não ser que, de forma inequívoca, a documentação fundamentada do caso a indique. A tarefa de julgar sobre imprudência, negligência ou imperícia não cabe ao perito médico-legista ou odonto-legista, visto ser atribuição do Poder Judiciário e dos Conselhos Regionais de Medicina e Odontologia. Não obstante, cabe aos peritos do Departamento Médico-Legal fornecer informações técnicas necessárias para uma interpretação adequada dos fatos e consequente promoção da justiça.

8. Orientações gerais para realização das necropsias

8.1. Orientações Técnicas

A técnica médico-legal pressupõe a abertura das três cavidades (tórax, abdômen e crânio), salvo em casos em que o estado do corpo torne tal procedimento desnecessário ou quando os achados são conclusivos sobre a causa da morte sem que se precise realizar tal procedimento.

Examinar todo o cadáver com a finalidade de se constatar as lesões e as alterações externas macroscopicamente visíveis. Recomenda-se agrupá-los conforme sua classificação, descrevendo-as em sua localização, tamanho, número e forma. É recomendável iniciar o exame pela análise das vestes, buscando detalhes que possam influenciar na condução da necropsia, como zonas de esfumaçamento, queimaduras e tatuagem.

Sempre que possível, o cadáver deverá ser pesado e medido, e estes dados deverão constar no laudo. Não há problema em usar expressões como "aproximadamente" ou "cerca de..." nas situações em que a posição do cadáver ou algum outro fator impeçam uma medida exata.

Todos os procedimentos necroscópicos deverão ser realizados usando o equipamento de proteção individual indicado, que será fornecido ao funcionário.

As necropsias realizadas em cadáveres encaminhados de hospitais ou similares somente deverão ser iniciadas mediante apresentação da *guia de encaminhamento* emitida por parte destas instituições. Este documento é fundamental para obtenção das informações necessárias para realização das perícias.

No DML, os cadáveres que entrarem no período diurno do plantão deverão ser necropsiados até as 22 horas. Para os que derem entrada após este horário, a necropsia será realizada a partir das 8 horas do dia seguinte.

Exceto nos casos em que a causa da morte seja inequívoca, é indicado *abrir o crânio* e descrever se há ou não alterações no líquor, meninges ou encéfalo. Não é aceitável responder ao 2º quesito "causa indeterminada" sem examinar as estruturas da cavidade craniana.

Aconselha-se que a descrição do laudo de necropsia apresente os seguintes itens:

a) *Identificação do corpo*, descrevendo características do cadáver quanto a sexo, idade, estatura, peso, biótipo, afinidade racial, cor dos olhos, cabelos, tatuagens, sinais particulares e defeitos físicos.

b) *Sinais de morte*, informando quais fenômenos cadavéricos que o corpo apresenta.

c) *Exame externo*, descrevendo pormenorizadamente as alterações observadas tais como: palidez cutânea, pletora facial, cianose labial e de leitos ungueais, edema de membros inferiores, drenagem de líquidos ou espuma pelos orifícios oral e nasais, e todas as lesões encontradas, suas características e topografia.

Nos casos de "necropsia branca", sempre solicitar pesquisa de psicotrópicos e venenos, especialmente em pacientes jovens. Os exames que podem ser solicitados constam na tabela de exames realizados pelo Departamento de Perícias Laboratoriais (anexo 42.5). Conforme a situação, pode-se solicitar exame anatomopatológico em determinados casos.

Nas necropsias de cadáveres com ferimentos por projétil de arma de fogo, *sempre* elaborar uma *discussão* caracterizando os orifícios descritos no laudo e o trajeto dos projéteis no corpo da vítima.

A descrição da localização dos orifícios produzidos pelo projétil de arma de fogo deve ser o mais informativa possível. Recomenda-se que, além de descrever a região comprometida, o perito procure relacionar estruturas anatômicas ou distâncias de certos pontos que sirvam como referência. Atentar sempre para a adequada descrição, no laudo pericial, das zonas de esfumaçamento, tatuagem e queimadura/chamuscamento, informando, quando possível, as suas dimensões.

Nunca omitir a "figura anatômica" (anexo 42.14) nas necropsias com lesões por projétil de arma de fogo (PAF) ou arma branca e em queimados. Na figura anatômica da vítima com ferimentos por

PAF, recomendamos assinalar as lesões com as expressões "entrada PAF 1" ou "saída PAF 1" ou "local de retirada de PAF 1".

Ao descrever o sentido do deslocamento do projétil no corpo da vítima devemos utilizar a palavra *"trajeto"*, e não "trajetória".

Sempre que possível, ilustrar o laudo com fotografias, principalmente nos casos envolvendo ação de projétil de arma de fogo, lesões por arma branca e queimaduras.

Não omitir a retirada dos projéteis do corpo, informando tal procedimento no laudo pericial e especificando quantos artefatos foram retirados. Quando possível, os projéteis deverão ser identificados e acondicionados separadamente, definindo a região do corpo onde foram encontrados. Consignar no laudo que os projéteis seguem em anexo.

No exame interno de lesões provocadas por projétil de arma de fogo ou instrumento pérfuro-cortante, indicar por onde o instrumento que as produziu penetrou no corpo, quais vísceras ele lesou e por onde saiu, ou em que local interrompeu sua progressão. Essa forma de redação facilita a descrição e a interpretação dos trajetos encontrados.

As lesões que não guardam relação com o fato delituoso, quando existirem, devem ser descritas à parte, assim como projéteis antigos de arma de fogo encontrados durante a necropsia.

Nos casos de ferimentos provocados por instrumento pérfuro-cortante, descrever número, formato e dimensão das lesões. Indicar quais vísceras foram lesionadas, o trajeto do instrumento e a gravidade (letalidade) dos ferimentos. Deve-se utilizar a terminologia anatômica.

Procurar sempre quantificar o volume dos líquidos (sangue, ascite, derrame pleural) encontrados dentro das cavidades.

Informar se foram realizadas fotografias e/ou gráficos e se foram coletadas amostras de material biológico para exames de laboratório.

Nos serviços que contarem com aparelho de Raios-X, sempre solicitar radiografias nas necropsias de carbonizados e putrefatos. Quando estes exames forem realizados, os achados radiológicos devem ser informados no laudo, mesmo quando forem negativos.

Não negligenciar o *histórico*. Discordâncias grosseiras entre o histórico e o restante do laudo podem levar a um questionamento da perícia.

Não deixar de descrever tatuagens, presença de *piercing* e outras particularidades como cicatrizes e alterações anatômicas.

Sempre examinar a genitália e a região anal nas necropsias. Nos casos de violência sexual caracterizada ou suspeita, sempre solicitar a pesquisa de espermatozoides, identificando a região de onde o material foi coletado.

Nas necropsias de fetos ou lactentes, iniciar a descrição com: *"cadáver de um feto* (neonato ou criança lactente) *do sexo...".* Fazer a descrição da placenta, com ênfase a possíveis anomalias ou lesões traumáticas ou referir quando esta não for encaminhada para exame. Nos casos em que não ficar clara a *causa mortis* do feto, escrever uma *discussão* enfatizando a ausência de lesões traumáticas e respondendo ao segundo quesito *"morte intrauterina de causa indeterminada".* Evitar o uso da expressão "anóxia intrauterina". Descrever também o tratamento que foi dispensado ao coto umbilical (vasos do cordão, se está somente seccionado ou está ligado e com que material).

Nas necropsias em crianças lactentes, sempre descrever cavidade oral, laringe, traqueia, brônquios principais e conteúdo gástrico, pois temos muitos casos de morte por aspiração do conteúdo do estômago. Sempre abrir o crânio e descrever o aspecto do líquor, das meninges e encéfalo, evitando classificar como indeterminada uma morte por meningite ou meningo-encefalite.

Nunca omitir uma *discussão* nas necropsias feitas com indicativo de morte por "asfixia". Nos casos de suspeita de afogamento, sempre solicitar a pesquisa de plâncton e mencionar o resultado no laudo.

Nos exames de vítimas com "queimaduras de segundo grau", evitar a utilização da palavra "fogo" como causa das mesmas, pois na maioria das vezes não é possível confirmar tal suposição pelo exame físico ou eventual boletim hospitalar. Nestes casos recomenda-se explicar na "discussão" que as queimaduras podem ser provocadas pela ação da chama, do calor irradiante, de gases superaquecidos, de líquidos escaldantes, de sólidos quentes e dos raios solares.

Nos casos de "acidente vascular cerebral – AVC", enfatizar o caráter não traumático do achado. Quando da definição em relação à causa da morte sugerimos a expressão *"hemorragia encefálica espontânea (não traumática)".* A palavra "acidente" pode apresentar, para os leigos, uma conotação de trauma.

Em cadáveres vítimas de morte violenta, deverão ser coletadas de rotina amostras de sangue para pesquisa de álcool e urina para pesquisa de psicotrópicos.

O sangue para pesquisa de álcool deverá ser coletado de vasos sanguíneos íntegros (veia femoral) ou de cavidade cardíaca intacta. Em casos de cadáveres putrefatos ou carbonizados, a análise de etanol será feita em amostra de sangue e humor vítreo. Em casos de crimes de trânsito, o material a ser examinado é o sangue, pois o Código de Trânsito faz referência à alcoolemia.

A pesquisa de psicotrópicos é feita na urina, devendo a amostra ser coletada da bexiga. No caso de não haver urina, as vísceras poderão ser enviadas para análise (anexo 42.4). Salienta-se, no entanto, que exames feitos em vísceras detectam apenas quantidades grandes destas substâncias, relacionadas diretamente com a causa da morte. O exame não detecta concentrações baixas de psicotrópicos, não sendo portanto útil para a constatação do uso dos mesmos.

A coleta dos exames residuográficos deverá preceder a lavagem do corpo, o início da necropsia e a realização do exame datiloscópico. Este exame somente poderá ser realizado com solicitação da Autoridade Policial.

Se houver relato de atendimento médico da vítima antes do óbito, transcrever os aspectos relevantes dos procedimentos realizados.

Nunca deixar de revisar atentamente os laudos. São frequentes os erros de digitação, que muitas vezes comprometem não somente a forma, mas até a qualidade técnica do laudo. Não devemos esquecer que, firmado o laudo, o perito assume a responsabilidade pelo que está escrito.

É recomendável estabelecer contato com os peritos que realizaram o exame do local de crime de homicídio para subsidiar a condução da necropsia.

8.2. Admissão de cadáveres

A remoção de cadáveres será solicitada ao Serviço de Remoções Fúnebres do DML via Centro Integrado de Operações de Segurança Pública (CIOSP)/Consultas Integradas. Cabe ao técnico em perícias da remoção informar ao CIOSP os seus deslocamentos e ao auxiliar de perícias do necrotério do DML informar o seu recebimento.

Os cadáveres encaminhados para necropsia só serão admitidos se acompanhados pela *ficha de remoção de cadáver* devidamente preenchida e preferencialmente com uma cópia do boletim de ocorrência. Esta ficha de remoção de cadáver poderá ser encaminhada diretamente ao serviço médico-legal, via *on line*, nos locais onde funcionem centros integrados que coordenem as atividades policiais e periciais. *É proibido receber cadáveres sem ficha de remoção.*

Não deverão ser recebidos cadáveres que não estejam devidamente etiquetados e identificados. Esta identificação e a respectiva colocação de etiqueta é responsabilidade exclusiva do técnico em perícia que atua junto à remoção fúnebre, devendo ser *sempre* realizada no local da ocorrência, para evitar situações constrangedoras de troca de identidade.

Em locais onde a remoção fúnebre é realizada através de convênios, como o existente com o Sindicato dos Estabelecimentos de Serviços Funerários (SESF), caso ocorra evento com morte que seja necessária necropsia, deverão ser observados os seguintes procedimentos:

a) Os responsáveis (familiares ou outros) comunicam o fato (crime) à *Delegacia de Polícia (DP)* responsável pela localidade, mesmo tratando-se de morte em rodovias;

b) A DP deve acionar o Sistema de Remoções Fúnebres através do fone 0800-5100909, disponível 24h, através de um telefone convencional;

c) O policial que comunica deverá fornecer o nome da cidade onde ocorreu o fato, o nome do falecido, número da ocorrência policial, nome e número de matrícula do agente policial que está comunicando. Cabe ao SESF/RS o acionamento da empresa que fará o recolhimento;

d) O policial será informado sobre o nome da empresa que fará o recolhimento e um número de senha;

e) O policial deverá inserir na guia de encaminhamento para a necropsia, Guia de Recolhimento de Cadáveres (GRC), o número da DP ou Centro de Operações (CO), o nome do policial, sua matrícula, o número do Boletim de Ocorrência (BO), a senha SESF/RS (código), o nome da Funerária e do agente, a hora da liberação do corpo e assinar;

f) O policial que estiver no local onde está o corpo, após a colocação do mesmo na urna de fibra de vidro que será utilizada para a remoção, deverá lacrar a mesma, anotando na GRC o número dos lacres e a hora em que a urna foi lacrada. Caso empresas se apresentem no local do acidente sem a senha da Central de Remoções Fúnebres de Porto Alegre, o policial responsável por isolar o local deve fazer BO, acusando o agenciamento de cadáver, descrevendo a funerária contraventora, o agente e o veículo;

g) No PML, o funcionário que recebe o corpo preenche a GRC, com o nome, matrícula e hora do recebimento, observando se a urna está lacrada com os dois lacres enumerados pelo policial, se a urna é de fibra de vidro, assinando a GRC e enviando-a todo o final de mês, juntamente com a planilha de corpos necropsiados, ao DML de Porto Alegre, para que seja encaminhado ao SESF/RS para perfeito acompanhamento do Sistema.

A autoridade responsável poderá formular quesitos complementares ou sugerir exames complementares, que serão encaminhados juntamente com o corpo e as fichas anteriormente descritas.

Quando os cadáveres forem provenientes da rede hospitalar deverão estar acompanhados da *guia de encaminhamento ao DML/PML*, preenchida pelo médico plantonista ou assistente. Este documento é fundamental para a realização das necropsias e deverá ser anexado junto ao rascunho das necropsias e encaminhado para a digitação.

Os cadáveres serão *protocolados* no sistema no momento da admissão, sendo emitido um *recibo de roupas e pertences*, o qual será assinado pelo funcionário da remoção fúnebre, e, posteriormente, arquivado na secretaria do necrotério. A inclusão do cadáver no sistema é feita no momento do recebimento do mesmo, na presença do técnico em perícia da remoção fúnebre, com a inclusão dos dados referentes aos pertences da vítima (roupas, calçados, joias, etc.), diretamente no computador. Nos PMLs em que não tenha sido implantado o sistema informatizado, tais informações serão anotadas em livro próprio e específico para tal.

As *roupas e demais pertences* que acompanharem o cadáver serão embalados e identificados, permanecendo à disposição da Autoridade Policial, em caso de morte violenta, por um prazo de 15 dias, findo o qual serão colocadas no lixo hospitalar, após aviso à autoridade para busca das mesmas. Nos casos de mortes não violentas, as roupas e demais pertences deverão ser entregues ao familiar no momento da liberação do cadáver. Caso o cadáver vítima de morte não violenta não seja retirado no prazo de 24 horas, as roupas deverão ser desprezadas no lixo hospitalar, e os pertences permanecerão arquivados na secretaria do necrotério

8.3. Realização de necropsia

Os cadáveres serão necropsiados na ordem de admissão no necrotério, considerando-se o tempo previsto em lei de 6 horas após a morte.

As necropsias, pela manhã, após a devida passagem do plantão, deverão iniciar às 8h. Cada equipe, ao encerrar seu plantão, deverá deixar, quando houver, pelo menos três cadáveres já protocolados nas mesas de necropsia, para as equipes que iniciam suas atividades.

Todos os cadáveres que entrarem como *desconhecidos,* conforme a ficha de remoção, deverão ser fotografados, submetidos ao exame de identificação odonto-legal e realizarem exame de identificação pelo Departamento de Identificação. No DML/POA, todos os corpos são submetidos ao exame datiloscópico. Este mesmo procedimento pode ser adotado em todos os PMLs situados em regiões que tenham papiloscopista de plantão.

Em todos os casos de cadáver *desconhecido,* que seja reconhecido pelos familiares ou responsáveis legais, deverá ser informado ao Departamento de Identificação o nome do suposto (número da RG, se possível) para confronto com as digitais coletadas para o *"PM número tal".* Nestes casos, o Departamento de Identificação informará, *por escrito e com a identificação do papiloscopista,* se o confronto de digitais foi positivo (identificando o cadáver), negativo (não identificando o cadáver) ou prejudicado (por não haver registro no banco de dados ou por problemas técnicos). A conduta do DML, conforme a situação é:

a) Se a *identificação datiloscópica for positiva,* o cadáver será entregue aos familiares ou responsáveis legais (sem necessidade de Auto de Reconhecimento).

b) Se a *identificação datiloscópica for negativa,* o cadáver não será entregue aos familiares ou responsáveis legais.

c) Se a *identificação datiloscópica for prejudicada,* os familiares serão encaminhados à Área Judiciária, em Porto Alegre, para a realização do Auto de Reconhecimento. Desta forma, fica a critério da Autoridade Policial a emissão do Auto de Reconhecimento.

Todos os cadáveres *identificados* que derem entrada *sem condições de serem reconhecidos visualmente* (putrefatos, face destruída pela ação da putrefação ou do agente lesivo) deverão ser submetidos ao exame de identificação odonto-legal e ao exame de identificação pelo Departamento de Identificação.

Os materiais coletados dos cadáveres para exames laboratoriais durante a necropsia, por solicitação do perito, serão encaminhados ao laboratório ao final do plantão pelo técnico em perícia representante da equipe. Nos PMLs, os materiais coletados deverão ser devidamente acondicionados e guardados em geladeira até a remessa ao Departamento de Perícias Laboratoriais em Porto Alegre, que será feita via Rota.

As solicitações de exames laboratoriais deverão ser feitas em uma via, a qual deverá ser assinada pelo perito médico-legista que solicitou o exame e pelo técnico em perícia que coletou o exame. Em seguida o técnico em perícia do necrotério inclui a solicitação dos exames no PGP, gerando um número de requisição. O técnico em perícia levará o material com esta solicitação ao laboratório para a inclusão do pedido no sistema pelos funcionários do Departamento de Perícias Laboratoriais, quando então será feita a conferência de material com a respectiva solicitação. Os horários para entrega de materiais no laboratório, em Porto Alegre, são das 7h30 às 8h30 e das 13 às 14h. Eventuais problemas surgidos durante a conferência do material deverão ser solucionados neste momento. Caso isto não seja possível, o material ficará armazenado no DPL por até 30 dias e neste período o DPL comunicará o DML/PML para que providencie os esclarecimentos ou as correções necessárias para resolução da questão.

Os Peritos Médico-Legistas, antes de assinarem a solicitação, deverão conferir se os exames que constam da solicitação são os que efetivamente foram pedidos.

Os *projéteis de arma de fogo* serão embalados individualmente, identificados e entregues à Autoridade Policial, que procederá ao encaminhamento destes ao Departamento de Criminalística.

Em Porto Alegre, quando houver indicação, por parte do perito médico-legista, para a realização de fotografias do exame pericial, deverá ser solicitada a presença de um fotógrafo junto à Seção de Fotografias do DML. O contato deverá ser feito pelo número 3288-2678 (DML). A Seção de Fotografia do DML disponibilizará dois jogos das fotografias realizadas durante as perícias médico-legais.

8.4. Liberação de cadáveres

Os cadáveres necropsiados no DML/PML serão liberados ao familiar ou seu responsável, o qual deverá ir ao necrotério para assinar o recibo de entrega de cadáveres e confirmar o reconhecimento visual do corpo.

A entrada de pessoas estranhas às dependências do necrotério está restrita àquelas indispensáveis (familiar responsável, agente funerário escolhido pela família para retirar o cadáver – quando for o caso – e pessoas em busca de familiares desaparecidos), exclusivamente nas áreas da recepção, capela e secretaria e sempre acompanhados pelo técnico em perícia.

A identificação visual dos cadáveres será feita pelos familiares, inicialmente, mediante visualização das fotografias apresentadas na tela do computador. É proibida a entrada de um familiar para reconhecimento de cadáver na sala de necropsia ou na antecâmara da câmara fria.

Em casos de cadáveres não reclamados ou não identificados (após os procedimentos para a identificação), no PML que não disponha de câmara-fria para conservação, os funcionários deverão entrar em contato com as autoridades judiciárias e com a Prefeitura (ou Enterro do Pobre) no sentido de providenciar o sepultamento do mesmo.

Para a liberação da Declaração de Óbito e entrega do cadáver será necessário o preenchimento de dois documentos: o RECIBO DE ENTREGA DA DECLARAÇÃO DE ÓBITO (DO) e um novo RECIBO DE ENTREGA DE CADÁVER (anexos 42.1).

Ambos os recibos ficarão na mesma folha, mas serão preenchidos e assinados *pelo familiar em 1° grau da pessoa falecida* em dois momentos distintos:

a) O primeiro na entrega da DO para o familiar providenciar o registro em cartório e a liberação junto a central de serviços funerários;

b) O segundo no momento da entrega efetiva do cadáver ao familiar.

A entrega da declaração de óbito e do cadáver deverá ser feita única e exclusivamente aos familiares em 1° grau da pessoa falecida. Casos excepcionais (como estrangeiros, pessoas sem familiares, etc.) serão resolvidos caso a caso pela Direção do DML ou chefia do PML.

Na falta de documentos ou problemas complexos envolvendo documentação, o familiar ou responsável deverá ser encaminhado ao Foro ou à Defensoria Pública.

As normas pra translado de cadáver e de restos mortais humanos são estabelecidas pelo Ministério da Saúde, pela Secretaria Estadual de Saúde, e pela Secretaria Municipal de Saúde nos seus respectivos níveis (SMS Lei n° 6.503 de 22 de dezembro de 1972). Em 2006, encerrou-se uma consulta pública pela Agência Nacional de Vigilância Sanitária (ANVISA) com o objetivo de uniformizar os procedimentos técnico-administrativos relacionados à vigilância sanitária. Assim, as condições para translado intermunicipais (métodos de conservação de cadáver e tipo de urna funerária) são exigência da Secretaria Estadual de Saúde.

8.5. Liberação de cadáveres para cremação

A cremação de corpo cadavérico humano é regida pela Lei Federal n° 6.015, de 31 de dezembro de 1973; pelo Decreto-Lei n° 88, de 07 de agosto de 1969, pela Lei n° 40, de 07 de dezembro de 1977, regulamentados pelo Decreto n° 1.453, de 8 de março de 1978.

A cremação de cadáver humano somente poderá ser efetuada após o decurso de 24 horas contadas a partir do falecimento, atendidos os seguintes requisitos:

1. No caso de morte natural:

a) Prova da manifestação de vontade do falecido, constante por instrumento público ou particular, neste caso com a firma reconhecida e registrado no Cartório de Títulos e Documentos;

b) Apresentação da declaração de óbito firmado por 2 (dois) médicos ou por 1 (um) legista;

2. No caso de morte violenta:

a) Autorização de autoridade judiciária;

b) Apresentação da declaração de óbito firmado por 1 (um) médico-legista.

8.6. Necessidades básicas para uma sala de necropsia

A sala de exames necroscópicos deverá ter:

a) lavatório ou pia com água corrente e dispositivo que permita a lavagem das mesas de necropsia e do piso;

b) piso dotado de ralo;

c) paredes com cantos arredondados, com revestimento liso, resistente e impermeável até 2m (dois metros) de altura, no mínimo;

d) piso revestido de material resistente, liso e impermeável, com declividade suficiente para escoamento das águas de lavagem ou preparo do cadáver;

e) mesas de necropsia de mármore, vidro ou de aço inoxidável tendo forma tal que facilite o escoamento de líquidos que terão destino conveniente;

f) tratamento adequado dos esgotos e dejetos.

9. Rotina para realização de exames em ossadas

9.1. Admissão de ossadas

As ossadas deverão ser encaminhadas ao DML de Porto Alegre para perícia a encargo da Seção de Antropologia Forense.

As ossadas encaminhadas para perícia deverão vir acompanhadas de ofício emitido pela Autoridade Policial, onde constem os quesitos a serem respondidos pelos peritos.

Se houver a suspeita de que a ossada possa pertencer a um indivíduo específico, a delegacia também deverá encaminhar, juntamente com o material a ser periciado, todo e qualquer tipo de documento médico, hospitalar e odontológico referente a esta pessoa, incluindo exames radiológicos, de forma a permitir a identificação médico-legal.

No necrotério do DML será feita a inclusão da ossada no PGP com "Tipo de Perícia: OSSADA", sendo gerado o número de protocolo e requisição. Nos PMLs onde existe o sistema PGP, *não* fazer a inclusão neste sistema. Encaminhar a ossada por meio de memorando/ofício ao DML-POA, acompanhada do ofício da Autoridade Policial

As ossadas serão duplamente identificadas com etiquetas onde constem, no mínimo: *número do protocolo e DP de origem*. Uma etiqueta será fixada externamente à embalagem, e a outra, no interior da embalagem.

As ossadas secas, adequadamente armazenadas (caixa, saco plástico, frasco), serão guardadas na Sala da Antropologia. As *ossadas com partes moles,* ainda em putrefação, deverão ser armazenadas na antecâmara da câmara fria, devidamente identificadas.

Os peritos responsáveis por este tipo específico de perícias serão comunicados, e uma cópia do Boletim de Atendimento será colocada na pasta das OSSADAS na recepção do Necrotério.

Ossadas provenientes do interior do Estado poderão ser encaminhadas diretamente pela Delegacia de Polícia ou via PML da região, *sempre* acompanhadas pelo ofício da autoridade solicitante do exame e com os quesitos a serem respondidos pelos peritos. Também neste caso, se houver um suspeito a identificar, deverão ser encaminhados juntamente com a ossada *todos os documentos médicos, hospitalares, fichas odontológicas e exames radiológicos* deste suspeito, de forma a permitir a confrontação dos achados da perícia com o da provável vítima.

Ao Serviço de Antropologia Forense devem ser encaminhadas apenas ossadas, ou seja, um conjunto de ossos soltos do cadáver, ou eventualmente, dos ossos ainda parcialmente unidos com escassa quantidade de tecidos moles. Os cadáveres em avançado estado de putrefação, mesmo com algumas partes estando esqueletizadas, deverão ser necropsiadas nos postos/serviços de origem. Nestes casos, existe uma rotina pericial estabelecida para cadáveres em putrefação:

a) exame datiloscópico

b) perícia odonto-legal

c) realização de exame radiológico

d) necropsia

e) coleta de material para exame de DNA, se houver solicitação da Autoridade Policial.

9.2. Realização de perícia em ossadas

É feita a inspeção inicial do material enviado, sendo descrito o recipiente onde foi acomodada a ossada, a presença de vestes (tipo, cor, marca, tamanho, peculiaridades), e a presença de partes moles e de suas características.

Ossadas com partes moles, após a avaliação inicial e realização de exame radiológico, são limpas mecanicamente e posteriormente com substâncias químicas. Esta limpeza poderá ser repetida quantas vezes forem necessárias, dependendo da quantidade de partes moles presentes.

Após uma limpeza considerada satisfatória, os ossos são colocados para secagem ao ar livre.

É realizada a descrição das partes ósseas presentes (características, número e alterações traumáticas ou congênitas peculiares) e realizada a medida dos ossos.

Solicita-se ao Serviço de Fotografia do DML a realização da fotografia com o número do *post mortem* (PM), o qual deverá constar no laudo pericial e na Declaração de Óbito sempre que a identificação médico-legal for negativa.

Realiza-se a análise dos dados obtidos, os cálculos referentes a sexo, raça e estatura e conclui-se o laudo.

Fotografias serão realizadas sempre a critério do perito.

Existe uma rotina para coleta de amostra das ossadas para exame de DNA, mesmo não havendo uma possível identidade da vítima. Encaminha-se uma amostra, preferencialmente dois (2) dentes e um segmento proximal de fêmur, adequadamente armazenada e devidamente identificada para o Laboratório de DNA, através de memorando.

Concluída a perícia, o perito se certificará de que a *ossada limpa* seja adequadamente identificada e armazenada em local específico no necrotério (Sala das Ossadas). As *ossadas com partes moles* ainda em putrefação, em que apenas as peças ósseas necessárias à caracterização do indivíduo e às lesões foram removidas, permanecerão na câmara fria após coleta das amostras (dentes, fêmur) para DNA.

9.3. Liberação de ossadas

Depois de concluídas toda a perícia com vistas à identificação médico-legal da ossada, será preenchida a Declaração de Óbito.

Emissão da Declaração de Óbito (DO):

a) Ossada com identificação positiva – DO preenchida com o nome do documento apresentado pelos familiares;

b) Ossada com identificação negativa – DO preenchida com o número do PM.

c) Ossadas em que foi solicitado exame de DNA – deve-se aguardar o resultado do exame para emissão da DO. A cópia do Laudo do DNA deverá ser encaminhada ao perito para análise do resultado e conclusão quanto à possibilidade de identificação ou não. Posteriormente à emissão da DO, solicita o arquivamento do Laudo de DNA juntamente com o Laudo de Ossada.

No caso de identificação positiva, será comunicada à Autoridade Policial solicitante do exame, através de ofício, que a perícia está concluída, e que a ossada se encontra à disposição para ser retirada, juntamente com a DO, pelos familiares, devidamente identificados, na Secretaria do Necrotério, de segunda a sexta-feira, em horário comercial. Também será informado que, como o nosso espaço físico é restrito, a ossada será mantida sob guarda por um período de 15 dias, a contar do recebimento do ofício, sendo que após este prazo será dado o devido destino ao material.

No caso de ossadas não identificadas, estas permanecerão armazenadas nas dependências do necrotério (Sala de Ossadas) ou, na dependência do espaço físico disponível e será emitida a respectiva Declaração de Óbito para que se proceda o sepultamento conforme rotina do DML.

O sepultamento de ossadas segue a rotina de sepultamentos do Necrotério, devendo as ossadas ser colocadas individualmente em caixões e identificadas interna e externamente.

10. Rotina para realização de necropsias pós-exumações

10.1. Solicitação do exame

Os pedidos de exumação deverão, necessariamente, ser acompanhados de uma cópia do laudo de necropsia prévia, quando houver, e uma cópia do inquérito ou resumo do caso que motivou o pedido deste exame.

Na solicitação deverá constar a cidade, cemitério e local em que o corpo está sepultado, assim como deverão ser formulados quesitos explicitando quais os esclarecimentos a serem prestados com este exame. Caso estes quesitos não tenham sido formulados, o perito deverá fazer contato com a delegacia, solicitando esclarecimentos sobre os motivos da solicitação e os documentos considerados importantes para o caso.

A equipe responsável pelas necropsias pós-exumações fará contato com a autoridade solicitante para marcação da data para realização do exame. Esta data será informada mais tarde, através de ofício.

Exumações do interior do Estado deverão ser encaminhadas para a cidade mais próxima, com perito médico-legista lotado. Em caso de impossibilidade de realização do exame nesta localidade, o perito em questão estabelecerá contato com o DML de Porto Alegre, diretamente com a equipe responsável pela realização das necropsias pós-exumação.

O DML notificará à Autoridade Policial e ao serviço de remoção fúnebre o dia e a hora da exumação, assim como a data da realização do exame.

10.2. Realização de perícia pós-exumação

Caberá à Autoridade Policial comparecer ao cemitério para acompanhar a retirada do corpo da sepultura.

Após a inspeção inicial, será descrita a urna funerária onde foi acomodado o corpo, a presença de vestes (tipo, cor, marca, tamanho, peculiaridades), e a presença de eventuais artefatos junto ao corpo.

O corpo será descrito no conjunto e em suas partes, com revisão das cavidades craniana e tóraco-abdominal. Na sequência, serão analisados os aspectos levantados na solicitação do exame.

O procedimento será fotografado em todas as suas etapas, de acordo com a solicitação do perito. Os exames radiológicos serão realizados seguindo a indicação para cada caso.

No DML de Porto Alegre, a sala de necropsia destinada ao Serviço de Antropologia Forense será utilizada somente para a realização dos exames de ossadas e exumações. O material existente dentro da sala *não* deverá ser retirado do local, mesmo que temporariamente, sem autorização prévia.

Fica proibida a utilização desta sala como depósito para material de limpeza, aventais e outros materiais que não sejam do interesse deste serviço. Os materiais de limpeza, assim como os equipamentos de uso diário, deverão ser guardados em local apropriado e específico para este fim.

10.3. Liberação do corpo

O corpo será liberado somente depois de concluídas todas as perícias implicadas no exame, através de comunicação por escrito à secretaria do necrotério.

Após concluída a perícia pós-exumação, o corpo será devolvido ao cemitério de origem, mediante agendamento para o sepultamento, e será assinado o recibo de devolução de corpo exumado.

O traslado do corpo ao local de origem será realizado conforme a disponibilidade das viaturas de remoção fúnebre e buscando uma racionalização dos percursos e das distâncias a serem percorridas.

11. Rotina para encaminhamento de cadáveres

11.1. De PMLs do interior para necropsia no DML

Todo cadáver que, *excepcionalmente*, vier encaminhado de PMLs do interior para realização de necropsia:
   a) *obrigatoriamente* deverá ter sido feito contato telefônico com a direção ou com o perito de plantão, justificando o motivo técnico para o encaminhamento;
   b) deverá vir acompanhado de ofício do perito médico-legista do posto, no qual conste o motivo técnico do encaminhamento, bem como todos os dados pertinentes e relevantes do caso;
   c) cadáveres do interior aceitos para necropsia no DML-POA seguem a rotina para sua liberação, devendo um familiar ou responsável estar presente no momento da retirada do corpo.

11.2. De PMLs do interior para identificação médico-legal

Os cadáveres desconhecidos de cidades do interior do Estado deverão inicialmente ser necropsiados no PML da sua região.

Procurar sempre proceder à identificação através dos odonto-legistas, papiloscopistas e fotógrafos criminalísticos lotados na região do PML.

Caso haja a necessidade de encaminhamento ao DML de Porto Alegre, o cadáver deverá ser acompanhado *obrigatoriamente* de um ofício do perito médico-legista do posto solicitando a identificação médico-legal.

Após a realização da perícia identificatória, o cadáver será devolvido ao posto médico-legal de origem.

11.3. De PMLs do interior para realização de exames radiológicos

Cadáveres que forem encaminhados para realização de exame radiológico, relativo à necropsia já iniciada no seu PML de origem, deverão ter:

a) contato telefônico prévio do perito do PML com a Direção ou com o médico de plantão no DML ou no PML mais próximo que realize estes exames;

b) solicitação por escrito do local ou dos locais a serem radiografados.

Imediatamente após a realização do exame, o cadáver será encaminhado ao PML de origem.

Este tipo de exame não resultará em protocolo ou laudo, sendo o(s) clichê(s) radiológicos enviados juntamente com o corpo ao médico-legista solicitante do exame.

12. Rotina para identificação de cadáver desconhecido ou de difícil reconhecimento

Objetivando evitar a troca de identidade, que, eventualmente, pode advir dos Autos de Reconhecimento, bem como processos de reconhecimento inadequados em cadáveres que fisicamente não permitem uma correta identificação, ficam estabelecidas algumas rotinas de procedimentos para estes casos.

12.1. Cadáveres desconhecidos

Todos os cadáveres que entrarem como *desconhecidos* (referência que consta na ficha de remoção), deverão ser submetidos ao exame de identificação odonto-legal e ao exame de identificação pelo Departamento de Identificação.

Todo cadáver desconhecido, que seja reconhecido pela família ou responsáveis legais, deverá ser informado ao Departamento de Identificação o nome do suposto (número da RG, se possível) para confronto com as digitais coletadas para o *"PM nº tal"*. Nestes casos, o Departamento de Identificação informará, *por escrito e com a identificação do papiloscopista*, se o confronto de digitais foi positivo (identificando o cadáver), negativo (não identificando o cadáver) ou prejudicado (por não haver registro no bando de dados ou por problemas técnicos). A conduta do DML, nesses casos:

a) Se a *identificação datiloscópica for positiva*, o cadáver será entregue aos familiares ou responsáveis legais (sem necessidade de Auto de Reconhecimento).

b) Se a *identificação datiloscópica for negativa*, o cadáver não será entregue aos familiares ou responsáveis legais.

c) Se *a identificação datiloscópica for prejudicada*, os familiares serão encaminhados à Área Judiciária para a realização do Auto de Reconhecimento e será dada ciência ao Delegado que a identificação foi prejudicada. Desta forma, fica a critério da Autoridade Policial a emissão do Auto de Reconhecimento.

12.2. Cadáver identificado de difícil reconhecimento

Todos os cadáveres identificados que derem entrada *sem condições de serem reconhecidos visualmente* (putrefatos, face destruída pela ação da putrefação ou do agente produtor de lesão), obrigatoriamente, serão submetidos ao exame de identificação odonto-legal e ao exame de identificação pelo Departamento de Identificação.

13. Rotina para guarda e conservação de cadáver não reclamado

O DML ou PML com câmara fria se responsabiliza pela guarda e conservação *apenas* dos cadáveres necropsiados na instituição.

No caso de Porto Alegre, cadáveres não necropsiados somente serão aceitos para guarda e conservação quando atenderem aos critérios do termo de ajustamento de compromisso existente entre o DML e a Secretaria Municipal de Saúde de Porto Alegre e entre o DML e a SUSEPE.

Cadáveres aceitos para guarda são aqueles que venham a falecer na rede de Saúde Municipal, ou na Rede Penitenciária, cuja declaração de óbito foi fornecida pelo médico assistente, mas que não pode ser sepultado no mesmo dia por problemas sociais e/ou familiares.

É responsabilidade da Secretaria de Saúde do Município e da SUSEPE:

a) não registrar ocorrência policial;

b) fazer ofício encaminhando o cadáver para guarda, onde deve constar o nome do funcionário para contato, caso haja necessidade;

c) providenciar a remoção do cadáver para o DML/PML, devidamente acompanhado dos seguintes documentos: ofício de encaminhamento e Declaração de Óbito, devidamente preenchida pelo médico assistente;

d) providenciar, através dos Serviços Sociais da Secretaria Municipal da Saúde, ou da SUSEPE, ou por outra forma, a notificação dos familiares para a realização do sepultamento ou assumir as providências do sepultamento, através do "Enterro do Pobre", na falta dos familiares;

e) providenciar o sepultamento no menor prazo possível.

É responsabilidade do DML/PML:

a) A guarda e conservação dos cadáveres que preencham os critérios acima descritos pelo prazo máximo de 48 horas;

b) No necrotério, o cadáver receberá um número de protocolo, sendo obrigatório para recebimento do cadáver o ofício de encaminhamento da SMS e da SUSEPE e a Declaração de Óbito devidamente preenchida;

c) O cadáver será identificado e conservado como determina a rotina para os demais corpos.

Todos os cadáveres necropsiados, que não são reclamados e retirados pelos familiares ou responsáveis até o fim do plantão, são devidamente identificados, acondicionados e guardados nas gavetas da câmara fria. O número da gaveta será anotado na ficha de remoção e registrado no PGP.

Não devem ser deixados cadáveres na antecâmara da câmara fria.

A identificação do cadáver é feita com pulseira de identificação plástica, adulta ou infantil conforme o caso, ou, na sua falta, por etiqueta comum de papel, onde deve constar no mínimo:

a) nome do cadáver ou número do *post mortem*; no caso de fetos, recém-nascidos ou natimortos deve constar o nome da mãe;

b) número do protocolo;

c) número do laudo;

d) delegacia de polícia de origem;

e) data.

O acondicionamento adequado para guarda consiste de:

a) No cadáver adulto: fixação dos punhos entre si, bem como dos tornozelos, com corda resistente, de forma a evitar que a abertura dos braços ou das pernas pela fase gasosa da putrefação, em caso da câmara fria não funcionar, impeça a retirada do cadáver da gaveta. O cadáver será colocado em um saco plástico com zíper, o qual será fechado e devidamente identificado externamente com os mesmos dados da etiqueta que ficou junto ao corpo. O cadáver assim acondicionado será colocado em uma das gavetas da câmara fria.

b) No cadáver infantil (feto, recém-nascido, natimorto, criança): os punhos e tornozelos serão fixados com corda, e o cadáver será colocado em um saco plástico, o qual será fechado e devidamente identificado externamente com os mesmos dados da etiqueta que ficou junto ao corpo. Os cadáveres assim acondicionados serão cuidadosamente colocados lado a lado nas gavetas reservadas na câmara fria para este fim.

14. Rotina para sepultamento de cadáver não reclamado e ossada

No caso de Porto Alegre, o DML procederá aos sepultamentos nos cemitérios que forneçam vagas para tal fim. Nos municípios do Interior do Estado, cabe à prefeitura providenciar a disponibilização de locais para sepultamento.

O encaminhamento para sepultamento será realizado nas seguintes situações:

a) cadáveres desconhecidos, após o recebimento do respectivo *laudo post mortem* emitido pelo DI;

b) cadáveres identificados e não reclamados pelas famílias ou responsáveis legais num prazo máximo de 15 dias;

c) ossadas com identificação e que não forem reclamadas pelas famílias ou responsáveis num prazo máximo de 15 dias;

d) ossadas não identificadas e cuja Delegacia que solicitou o exame não as retire no prazo máximo de 15 dias após ter sido oficiada para tal fim.

Os cadáveres "desconhecidos" e os cadáveres com identificação que não tenham sido reclamados por seus familiares, procedentes dos Municípios do Interior, após transcorridos os prazos legais, serão encaminhados para sepultamento nestes Municípios via Prefeitura. Tal conduta se deve ao aumento no número de cadáveres não retirados do DML de Porto Alegre nas condições acima referidas, inviabilizando o funcionamento desse serviço.

15. Rotina para doação de cadáveres para fins de estudo e pesquisa

Com base na Lei n° 8.501, de 30 de novembro de 1992, poderão ser *doados* os cadáveres desconhecidos e identificados não reclamados, cuja causa jurídica da morte não seja violenta (morte clínica), bem como ossadas não identificadas e não retiradas por quem de direito (ver normas para doação de cadáveres).

A Instituição de Ensino Superior (IES) interessada em receber cadáver para fins de estudo e pesquisa deverá obrigatoriamente ter convênio atualizado estabelecido com o Instituto Geral de Perícias (IGP). A solicitação deverá ser feita mediante encaminhamento de ofício à Direção do DML/PML, protocolado, contendo a solicitação pretendida.

As doações seguirão a ordem de chegada dos respectivos ofícios, sendo cada instituição atendida com um cadáver por vez. As que necessitarem mais de um cadáver entrarão novamente na agenda de espera, tendo seu pedido novamente atendido após todas as instituições solicitantes terem recebido pelo menos um cadáver cada.

O cadáver não reclamado junto às autoridades públicas no prazo de 30 dias poderá ser destinado às Instituições de Ensino Superior, para fins de ensino e pesquisa, desde que sejam preenchidos os seguintes critérios:

a) Seja cadáver sem qualquer documentação ("desconhecido");

b) Seja cadáver identificado, mas sobre o qual não existam informações relativas a endereços de parentes ou responsáveis legais. Neste caso, a autoridade competente publicará nos principais jornais da cidade, a título de utilidade pública, por 10 dias consecutivos, a notícia do falecimento. Esta publicação será paga pela instituição de ensino interessada em receber o cadáver e deverá ser devidamente comprovada no momento da assinatura da doação (ver modelos de publicação – anexo 42.2).

É *proibido* encaminhar cadáver/ossada para fins de estudo e pesquisa quando houver indício de morte violenta ou morte suspeita.

Para fins de reconhecimento, o DML ou PML manterá sobre o falecido:

a) Os dados relativos às suas características gerais;

b) A sua identificação;

c) As fotos do cadáver;

d) A ficha datiloscópica;

e) O resultado da necropsia;

f) Instituição para o qual foi doado;

g) Outros dados pertinentes.

Em qualquer tempo, os familiares ou representantes legais terão acesso às informações relacionadas no item anterior, que serão arquivadas na Secretaria do Necrotério do DML/PML.

Cumpridas as exigências acima, o cadáver poderá ser liberado para a instituição de ensino, tendo-se o cuidado de elaborar o termo de doação entre o DML ou PML e a Instituição (ver modelo de Termo de Doação – anexo 42.3). A retirada do cadáver ocorrerá somente mediante presença de representante legal da IES devidamente identificado.

Os documentos que farão parte do processo para que se efetive a doação do cadáver serão arquivados na Secretaria do Necrotério do DML/PML, e incluirão:

a) Termo de doação devidamente preenchido especificando se cadáver ou ossada;

b) Termo de entrega de declaração de óbito e termo de entrega de cadáver/ossada;

c) Cópia xerografada de Declaração de Óbito, Certidão de Óbito e Guia de Autorização para Liberação e Sepultamento de Corpos (GALSC);

d) Termo/ofício de "Representante Legal" da Universidade solicitante apresentado por quem vai retirar o corpo;

e) Cópia do documento de identificação (RG) do representante legal que retira o corpo e presente ao necrotério;

f) Páginas na íntegra das dez (10) publicações na imprensa de circulação estadual.

16. Rotina para realização de aulas, visitas e pesquisas no DML/PML

Com o objetivo de normatizar a realização de trabalhos científicos e disciplinar o fluxo de pessoas nas dependências do DML/PML, os eventuais pedidos envolvendo acesso de profissionais médicos ou não ao necrotério deverão ser encaminhados à Seção de Ensino e Pesquisa (SEP) ou ao perito responsável pelo Posto Médico-Legal para registro e liberação. Isto permitirá um controle no número de trabalhos realizados no DML/PML, regulará o acesso de pessoal às áreas de trabalho e permitirá no futuro buscar melhorias nas condições de infraestrutura dos necrotérios.

Em termos gerais, visitas de qualquer natureza aos serviços de medicina legal estão proibidas.

O acesso ao DML para aulas é restrito às Instituições de Ensino Superior (IES). Este acesso é limitado a alunos e professores, especificamente das Faculdades de Medicina, Direito e Odontologia, que comprovadamente tenham a disciplina de Medicina Legal no seu currículo.

Em caráter excepcional, e na dependência de autorização prévia da Direção do DML, poderão ser agendadas visitas para alunos dos Cursos de Formação da Brigada Militar, da Polícia Civil, das Forças Armadas ou do Poder Judiciário.

O acesso ao necrotério deverá seguir as rotinas próprias deste local.

A prioridade de atendimento está relacionada com o andamento das perícias, devendo ser evitadas as atividades de ensino externas à Instituição durante o horário de trabalho. Em nenhuma hipótese o serviço pericial poderá ser limitado ou suspenso tendo em vista a realização de atividades de ensino ou pesquisa nas dependências do DML/PML.

Em Porto Alegre, a utilização da sala de aula e do anfiteatro, localizados no primeiro andar, bem como das dependências do necrotério para fins de ensino (aulas, palestras, reuniões) deverá ser agendada previamente junto à Seção de Ensino e Pesquisa do DML. Esta medida visa a estabelecer um controle melhor do fluxo de alunos no Departamento, evitar acúmulo de pessoas durante os horários de trabalho, racionalizar as visitas ao necrotério e permitir uma melhor atuação por parte do serviço de limpeza. Em caso de sobreposição de turmas, a prioridade será estabelecida pelo agendamento.

O agendamento de visitas deverá ser feito mediante encaminhamento de ofício à Seção de Ensino e Pesquisa do DML ou ao responsável pelo Posto Médico-Legal, detalhando motivo da visita, nome do professor responsável, número de alunos e IES a que está vinculada a visita.

O acesso de estudantes às dependências do necrotério fica condicionado ao acompanhamento por parte dos respectivos professores. A presença do professor responsável será dispensada nos casos de estudantes executando trabalhos previamente autorizados em que fique consignada a dispensa da presença do professor responsável. Mesmo nestes casos, caberá ao chefe de plantão do necrotério autorizar este acesso, priorizando as condições do trabalho pericial. Caberá ao chefe de plantão, portanto, limitar o número de pessoas autorizadas a permanecer no necrotério dependendo das condições de serviço.

Em nenhuma hipótese o serviço pericial do necrotério poderá ser limitado ou suspenso, tendo em vista a realização de atividades de ensino nas dependências do necrotério.

É expressamente proibida a realização de fotografias e filmagens no necrotério, excetuando-se aquelas de interesse do próprio serviço, na execução dos laudos periciais.

É expressamente proibido o uso de aparelhos telefônicos celulares, computadores portáteis, *tablets* e outros aparelhos similares no necrotério, por parte de estudantes e visitantes.

Nos anexos 42.10 e 42.11 estão colocados modelos de documentos com orientações aos usuários do DML, previstos neste capítulo.

16.1. Acesso de alunos ao DML para aulas regulares

O acesso ao DML para aulas regulares é restrito à Instituição de Ensino Superior (IES).

Este acesso é limitado a alunos e professores, especificamente das Faculdades de Medicina, Direito e Odontologia, que comprovadamente tenham a disciplina de Medicina Legal no seu currículo.

O acesso às dependências do DML fica restrito à sala de aula, ao anfiteatro e ao necrotério.

O acesso somente será permitido mediante acompanhamento do professor da disciplina.

O acesso à dependência do necrotério não poderá ocorrer em grupos grandes, que dificultem as atividades da rotina do trabalho.

Os alunos de curso de Medicina deverão, necessariamente, trajar jaleco com identificação da Instituição de origem. Ao aluno de outro curso recomenda-se o uso de jaleco com identificação da Instituição de origem.

O professor da IES responsável pelas aulas regulares deverá encaminhar, semestralmente, ofício ou correspondência eletrônica (mail) à Seção de Ensino e Pesquisa do DML (SEP), detalhando o calendário das aulas (datas e horários) e o número de alunos.

O trabalho pericial do DML não poderá ser limitado ou suspenso em decorrência das aulas nas dependências do necrotério.

Nas dependências do DML deverão ser seguidas as seguintes exigências:

a) proibição de fotografia e/ou filmagem;

b) não utilização de telefone celular.

Todos que receberem autorização para acesso às dependências do DML deverão ser orientados sobre o sigilo das informações obtidas.

Nos períodos em que ocorrerem cursos de capacitação de servidores da Secretaria de Segurança Pública ou de interesse do DML, a SEP buscará conciliar os interesses das IES no acesso às dependências, sendo que a prioridade de acesso será dada aos órgãos ligados ao DML.

16.2. Realização de trabalhos de pesquisa no necrotério

Todo profissional interessado em ter acesso a dependências do Departamento Médico-Legal (DML) para desenvolver estudo de seu interesse deverá encaminhar à Direção do DML uma *Carta de*

Apresentação, da Instituição de Ensino Superior (IES) a qual esteja vinculado.

A Instituição de Ensino deverá ter convênio, atualizado, estabelecido com o Instituto Geral de Perícias (IGP). A Carta de Apresentação deverá conter:

a) nome da Instituição à qual está vinculado;

b) nome do orientador ou pesquisador responsável;

c) nome do pesquisador que desenvolverá o estudo e das pessoas que participarão do trabalho no necrotério;

d) período de tempo previsto para a realização do trabalho e o horário preferencial.

Junto com a Carta de Apresentação, deverão ser anexados os seguintes documentos:

a) projeto de Pesquisa com descrição dos aspectos técnicos do trabalho.

b) parecer emitido pelo Comitê de Ética em Pesquisa da IES a que o profissional se vincula, autorizando a realização do trabalho;

c) parecer emitido por Comitê de Ética em Pesquisa de IES devidamente reconhecido pela Comissão Nacional de Ética em Pesquisa, caso a IES a que se vincule não possua um, autorizando a realização do trabalho.

Protocolos de trabalho envolvendo qualquer pedido de peças anatômicas ou utilização de pacientes recém-falecidos deverão ser previamente aprovados pelo Comitê de Ética na Pesquisa da instituição de ensino solicitante.

Caberá ao pesquisador a obtenção do consentimento do familiar quanto aos procedimentos adotados, quando for este o entendimento do Comitê de Ética na Pesquisa.

Em caso de uso de material arquivado e/ou de dados de laudo, assim como em todos os trabalhos envolvendo dados pessoais, o pesquisador deverá assinar o "Termo de Responsabilidade pela Confidencialidade, Divulgação e Utilização de Dados em Trabalhos de Pesquisa Realizados no DML" (anexo 42.12).

Cumpridos os requisitos citados neste documento, a solicitação será examinada pela Seção de Ensino e Pesquisa do DML, que verificará os documentos apresentados, disponibilidade e condição de atendimento. O chefe da SEP, após avaliação do projeto, fará contado com o pesquisador solicitante para discutir a realização da pesquisa.

Nos casos de autorização para acesso a dependências do DML, será emitido um ofício constando e relação nominal do(s) pesquisador(es) liberados para o trabalho. Este ofício ficará na Portaria do DML, onde o(s) pesquisador(es) fará(ão) a sua identificação.

Os trabalhos de pesquisa somente poderão ser realizados quando estes não interferirem na rotina do DML. O trabalho pericial do DML não poderá ser limitado ou suspenso em decorrência de pesquisas ou visita-estudo à dependência do necrotério. Caberá ao perito responsável pelo necrotério avaliar esta situação e autorizar ou não a realização do trabalho naquele momento.

O pesquisador deverá informar por escrito à Seção de Ensino e Pesquisa relatório final das atividades realizadas, juntamente com uma cópia do trabalho final.

É proibido expressamente destinar cadáver para fim de estudo, quando houver indício de morte resultante de ação criminosa, conforme dispõe o § 3º do art 3º da Lei 8.501, de 30 de novembro de 1992, e em consonância com as particularidades inerentes à atividade pericial.

É vedado realizar, nas dependências do necrotério, fotografia ou filmagem, excetuando-se aquelas de interesse do próprio DML, na execução de laudo pericial, ou nos trabalhos de pesquisa que tenham autorização por escrito, neste caso sendo preservada a identidade do cadáver.

Todas as implicações éticas e legais decorrentes do não cumprimento do protocolo aprovado e das rotinas estabelecidas neste documento serão de inteira responsabilidade do pesquisador e seu orientador.

17. Rotina para liberação de informações, cópias de laudos periciais e preenchimento de formulários para seguradoras

Baseado no Parecer nº 116/2000, aprovado da Consultoria Jurídica do CREMERS, através do OF. SAT nº 1.523/2001 – Prot. CJ nº 3.205/2000 do dia 05 de março de 2001, de sua ementa, através do OF. SAT nº 6139/2001 – Prot. CJ nº 3.093/2001, da Informação nº 108/2002 do processo nº 2481-12.05/01-8 da Secretaria da Justiça e da Segurança/RS, os laudos periciais do DML, bem como suas cópias autenticadas, somente serão fornecidos nas seguintes condições:

a) oo próprio periciado;

b) ao responsável legal (em caso de laudos de necropsia e de periciados menores de idade);

c) aos representantes do periciado constituídos mediante procuração com firma reconhecida;

d) às autoridades policiais, encarregadas do inquérito policial;

e) às autoridades militares, encarregadas do inquérito militar; e

f) às autoridades judiciárias, encarregadas do processo judicial.

Não serão fornecidos laudos ou cópias autenticadas de laudos periciais do DML/PML, sem a autorização escrita do periciado, a qualquer órgão, público ou privado, incluindo Comissão de Direitos Humanos da Assembleia Legislativa, Secretaria da Saúde do Estado ou Ouvidoria da Secretaria de Justiça e Segurança.

Segundo Informação 34/04/ASSJUR/SJS são legitimados para retirar cópias de laudos, que não o periciado, o cônjuge, o ascendente, o descendente ou o irmão, no caso de sua morte, ou de sua invalidez ou de enfermidade que o impossibilite de comparecer ao DML/PML.

Deve ser comprovada a condição de parentesco do requerente, bem como da situação impeditiva do periciado para fins de fornecimento de cópias de laudos. Também poder-se-ão fornecer cópias mediante procuração por instrumento público.

Constituem os documentos necessários para retirada de cópias de laudos, por terceiros:

a) pai, mãe, irmão, filho ou esposo(a): carteira de identidade;

b) companheiro(a) – carteira de identidade e comprovante de vida em comum (prestação de imóvel, ou carteira de saúde, ou certidão de nascimento do(s) filho(s);

c) procurador(a) – procuração registrada em cartório e carteira de identidade do procurador;

d) certidão de óbito – para laudos de necropsia;

e) solicitação de Isenção de Taxa ou comprovante de pagamento bancário da taxa, conforme Diário Oficial de 18/01/2000. Código de pagamento: em Porto Alegre – 3522; na grande Porto Alegre – 3530.

É expressamente proibido fornecer informações sobre as perícias e sobre os pacientes periciados no necrotério ou na clínica médico-legal para órgãos de imprensa ou pessoas estranhas ao serviço.

Informações sobre as perícias só são fornecidas pela Autoridade Policial que solicitou o exame ou pelo Diretor do Departamento.

De acordo com a Resolução CFM nº 2.003/2012, o preenchimento de formulários de companhias de seguros de vida constitui ato médico pericial, pois são respondidos quesitos próprios inerentes ao passado mórbido e às causas do óbito, sendo portanto ato diferente de um atestado médico sobre um atendimento assistencial. Tendo esse entendimento, a perícia médica para fins de seguros privados não é atribuição do médico-legista, mas sim de médicos que exerçam a função pericial ou de auditoria contratados pelas companhias seguradoras. O preenchimento desses formulários deveria ser efetuado, tanto em caráter público quanto privado, sob a responsabilidade das próprias seguradoras, disponibilizando para tal um médico perito cujos honorários deveriam ser cobertos pelas mesmas. Portanto, o preenchimento de formulários elaborados pelas companhias de seguros de vida é uma atividade médica pericial, diferente da atestação médica de fornecimento obrigatório. Não deve o perito médico-legista preencher os formulários próprios de companhias de seguros, conforme determina esta resolução. A direção do DML recomenda que seja anexada informação escrita padronizada esclarecendo que o perito teve contato com o cadáver do periciado em sua atividade pericial no DML, e que todos os dados que o perito dispõe estão no laudo pericial, que tem fé pública, não havendo necessidade de outros documentos.

18. Rotinas e procedimentos para garantir a cadeia de custódia de materiais biológicos enviados ao Departamento de Perícias Laboratoriais

O material coletado nos exames médico-legais deverá ser acondicionado em recipientes adequados e devidamente etiquetados.

A etiqueta de identificação do material deverá conter as seguintes informações:

a) identificação do Posto, nome completo do examinado (sem abreviações), ou, quando este é desconhecido, número de requisição de exame;

b) data da coleta;

c) código de identificação do servidor que realizou a coleta (iniciais ou número).

O material coletado deverá ser mantido sob refrigeração até o envio ao DPL e acondicionado em embalagem térmica para remessa.

O material deverá ser remetido na rota de transporte imediatamente posterior à data da coleta.

Deverão acompanhar o material os seguintes documentos:

a) requisição com a relação dos exames solicitados e quaisquer outras informações que possam auxiliar na análise, devidamente assinada pelo Perito responsável;

b) guia de encaminhamento de material em 2 (duas) vias;

c) cópia do ofício de solicitação da perícia (quando houver).

No ato da entrega, o servidor do DPL deverá conferir o material e a documentação enviada, atestando seu recebimento em uma das vias da Guia de Encaminhamento, que será devolvida ao PML para arquivo.

As inconformidades detectadas referentes aos procedimentos descritos deverão ser notificadas por correio eletrônico (EXPRESSO) ao Perito solicitante com cópia para o Diretor do Departamento correspondente e para o Coordenador Regional, quando for o caso, para que seja efetuada a devida e imediata correção.

O DPL fará o descarte dos materiais que apresentarem inconformidades de acondicionamento e/ou documentação após 30 (trinta) dias da notificação do responsável, caso não haja manifestação e a devida correção por parte deste.

Caberá ao DPL estabelecer as normas de acondicionamento e coleta de materiais encaminhados para análise laboratorial.

O Perito Médico-Legista que solicitou o exame será responsável pela correta execução dos procedimentos acima descritos por seus subordinados e auxiliares.

19. Rotina para realização de exame residuográfico (conforme Portaria IGP/SSP n° 29/2011)

O Departamento de Criminalística (DC) procederá à coleta em pessoas vivas ou mortas presentes no local do crime, quando em atendimento pelos seus peritos e a critério destes.

O Departamento Médico-Legal – DML – efetuará a coleta em pessoas mortas e vivas, na sua sede da capital, por solicitação ou requisição da autoridade competente, de segunda a sexta-feira, das 19h às 7h, e sábados, domingos e feriados durante as 24 horas.

Os Postos Médico-Legais (PML) do interior do Estado incumbir-se-ão dessa coleta em pessoas mortas e vivas, conduzidas até as suas sedes e hospitalizadas, atendendo regular solicitação.

O Departamento de Perícias Laboratoriais realizará a coleta do material em pessoas vivas conduzidas até suas dependências e em cadáveres que se encontrarem na sede do DML da capital, de segunda a sexta-feira, das 7h às 19h, e em pessoas hospitalizadas na região metropolitana durante as 24 horas, todos os dias da semana.

O "Relatório de Coleta de Vestígios", que deve acompanhar o material que será analisado, encontra-se no anexo 42.8.

19.1. Procedimento para a coleta de vestígios de tiro de arma de fogo em mãos de possíveis atiradores

O procedimento para a realização da coleta de vestígios de disparo de arma de fogo, com produção de tiro, em mãos de possíveis atiradores, para análise de chumbo (Pb), bário (Ba) e antimônio (Sb) emprega a técnica de Espectrofotometria de Absorção Atômica por Forno de Grafite.

O material necessário para realização do exame inclui:
- Um tubo de polipropileno ("ependorff"), com a inscrição "MÃO DIREITA", com capacidade para 2 ml;
- Um tubo de polipropileno ("ependorff"), com a inscrição "MÃO ESQUERDA", com capacidade para 2 ml;
- Um tubo de polipropileno ("ependorff"), com a inscrição "BRANCO", com capacidade para 2 ml;
- Três swabs lacrados;
- Luvas de látex para procedimento;
- Suporte para os tubos de polipropileno;
- Um frasco de 25ml fornecido pelo Laboratório, contendo a solução extratora de HNO_3 5%;
- Tesoura.

O procedimento de coleta deve seguir a seguinte rotina:
- Verificar se o KIT COLETA RESIDUOGRÁFICO está completo e inviolado;
- Preencher o rótulo do kit coleta e requisição de solicitação;
- Colocar as luvas;
- Observar o estado das mãos do periciado e anotar suas características (presença de manchas escurecidas, resíduos e anéis);
- Colocar os tubos de polipropileno ("ependorff") em suporte apropriado e pingar três gotas da solução extratora (2.7) em cada um dos tubos;
- Retirar o swab da embalagem, segurando-o pela extremidade da haste e inserir no tubo identificado com a inscrição "MÃO DIREITA" de forma a umedecê-lo com a solução extratora;
- Passar o swab umedecido sobre a palma, dorso e entre os dedos da mão direita;
- Inserir o swab no tubo e cortar sua haste com tesoura de forma que seu segmento contendo o algodão fique inteiramente dentro do frasco, possibilitando fechá-lo;
- Repetir os procedimentos para a coleta de material da mão esquerda;
- No tubo com a inscrição "BRANCO", insira o terceiro swab e corte sua haste com tesoura de forma que seu segmento contendo o algodão fique inteiramente dentro do frasco, possibilitando fechá-lo;
- Colocar os tubos dentro do saco plástico e lacrá-los;
- Manter o material armazenado sob refrigeração e enviar ao Departamento de Perícias Laboratoriais o mais breve possível.

20. Rotina para realização de exames toxicológicos

Todo material deverá ser acompanhado por ofício ou memorando que contenha as informações da análise solicitada, com respectivos quesitos, breve histórico do caso e a suspeita da intoxicação. Tal procedimento visa a facilitar a análise evitando a realização de exames desnecessários e esgotamento do material.

No caso de amostras coletadas em vivos, na etiqueta e na requisição deve constar, além do nome e do tipo de material encaminhado, o número de RG do indivíduo.

Os materiais utilizados devem ser previamente limpos a cada coleta.

Etiquetar os frascos antes da coleta, com caneta esferográfica, em etiqueta de papel que deverá ser recoberta por fita adesiva transparente larga para evitar a perda da identificação.

Não colocar as vísceras (estômago e seu conteúdo, fígado, rim e cérebro) em formol.

Embalar as amostras em sacos plásticos e resfriar ou congelar as mesmas, no caso de envio posterior ao Departamento de Perícias Laboratoriais (material encaminhado do interior do Estado pelo serviço de transporte rotineiro do IGP – rota).

Citar sempre se houve internação da vítima, lavagem gástrica e eventuais medicamentos utilizados.

Para análise de alcoolemia em cadáveres putrefatos ou carbonizados enviar para exame amostras de sangue, coletadas, sempre que possível, da veia femoral e humor vítreo.

O sangue coletado deverá ser conservado a uma temperatura em torno de 4°C.

21. Rotina para coleta de material para exame de DNA

A Portaria IGP/SSP n° 58/2011 define a quem compete a coleta de material para Exame de DNA dos periciados que se apresentam ao IGP. Dessa forma, estabelece que:

a) O Departamento de Criminalística procederá à coleta nos locais de crime em atendimento pelos seus peritos e, no interior do estado, nos demais locais solicitados pela autoridade competente, mesmo que não estejam em atendimento pelos peritos desse Departamento, desde que dentro da região territorial de competência do posto regional.

b) O Departamento Médico-Legal realizará a coleta em ossadas e cadáveres durante a necropsia e em pessoas vivas no exame de corpo de delito.

No caso de crimes sexuais, serão coletadas secreções biológicas com objetivo de identificar o agressor, bem como material de referência da própria vítima, independentemente de solicitação da autoridade competente.

No interior do Estado a coleta de material de referência será realizada pelos postos do Departamento Médico-Legal nas suas respectivas sedes.

c) O Laboratório de Perícias realizará a coleta de material de referência de suspeitos na Capital, bem como todas as demais coletas nos locais e situações não incluídas nas competências do Departamento de Criminalística e do Departamento Médico-Legal, descritas nos artigos anteriores.

O exame de DNA será realizado pelo Laboratório de Perícias desde que formalmente solicitado pela autoridade competente e com o respectivo termo de autorização de coleta do doador do material de referência.

No ato da coleta do material de referência de pessoas vivas, deverá ser solicitado ao doador o preenchimento de um termo de autorização de coleta, que deverá ser encaminhado ao Laboratório de Perícias juntamente com o respectivo material.

Em casos de exames para pesquisa de DNA, usar sempre luvas limpas e descartáveis entre a coleta de uma amostra e outra.

Nunca usar um mesmo par de luvas ou utensílios para manejar diferentes cadáveres. As amostras de sangue deverão ser sempre refrigeradas e nunca congeladas. Quando coletado sangue ou swab oral de pessoas vivas faz-se necessário o preenchimento do *termo de doação,* assinado pelo doador e pela autoridade que o acompanha.

Os procedimentos para coleta e o tipo de material as ser coletado por exame estão especificados no anexo 47.4.

Nos procedimentos que tem por objetivo a identificação de cadáver, vítima de morte recente, deve-se coletar sangue de cavidades internas, grandes vasos ou vísceras do corpo, preferencialmente, câmaras cardíacas. A coleta poderá ser realizada por meio de swab esterilizado, frasco plástico com sangue (manter sob refrigeração a 4°C em média) ou papel próprio para captura e conservação de DNA.

No caso de coleta de sangue com swab, utilizar pelo menos 2 (dois) swabs. Após a coleta, deve-se deixar os swabs secarem à temperatura ambiente e embalá-los em envelopes de papel ou recipientes secos apropriados, lacrados, identificados em etiquetas impermeáveis contendo as devidas informações pertinentes ao caso, bem como data, tipo de amostra e responsável pela coleta.

Na impossibilidade de coleta de sangue, como nos casos de corpos fragmentados, recomenda-se a coleta de tecidos moles (músculo esquelético profundos, por exemplo, quadríceps femoral, e/ou cartilagem de articulação íntegra, por exemplo, de ombro ou de joelho). A quantidade de tecido mole a ser coletada é de aproximadamente 2 g (músculo: $2cm^3$; cartilagem $2cm^3$).

Nos procedimentos que têm por objetivo a identificação de cadáver em estado de decomposição deverão ser coletadas amostras de, pelo menos, 2 (duas) fontes distintas:

a) Cartilagem: coletar cartilagem de articulação íntegra, por exemplo, de ombro ou de joelho, na quantidade de aproximadamente 2 g ou $2cm^2$, se a decomposição não tiver comprometido este tecido. Para o procedimento, utilizar material (pinça, cabo de bisturi, lâmina de bisturi e tesoura) esterilizado ou descartável.

b) Dentes: coletar dentes que, preferencialmente, não apresentem sinais de tratamento odontológico nem lesões ou cáries. Deve-se coletar, se possível, molares ou pré-molares, utilizando instrumental odontológico apropriado e esterilizado. Dentes caninos ou incisivos devem ser evitados, pois são úteis nos trabalhos da antropologia forense e odontologia legal na comparação fotográfica com a pessoa desaparecida. Recomenda-se coleta de, pelo menos, 2 (dois) dentes.

c) Osso longo: coletar amostra, preferencialmente, de fêmur. A amostra é coletada, por meio de um corte de aproximadamente 4-8 cm, denominado "janela", realizado no meio do eixo longo do osso. O corte em "janela" é importante, pois não separa o osso longo por completo, o que prejudicaria a análise antropológica do cadáver como, por exemplo, a estimativa de altura. Para que o corte "janela" recomenda-se preferencialmente, a utilização de uma serra osciladora médica, com lâmina esterilizada. Se não houver este tipo de serra disponível, podem-se utilizar outras serras, tendo o cuidado de se usar sempre lâminas esterilizadas.

Se não for possível coletar amostras de fêmur, utilizar outros ossos longos: tíbia, úmero, rádio e ulna. Na impossibilidade de se coletar amostras de ossos longos, a coleta das amostras poderá ser feita a partir de qualquer osso disponível, por exemplo, costela, falanges, ossos do metatarso, hálux, etc., na quantidade de aproximadamente 20 g, se possível.

Em caso de restos humanos em decomposição e fragmentados, poderá ser coletado qualquer osso disponível, na quantidade de aproximadamente 20 g, se possível, e, preferencialmente, ossos que apresentem camada cortical densa.

22. Rotina para coleta de material para exame de DNA em casos de crimes sexuais

Amostras Biológicas Questionadas são amostras em que se busca identificar a ligação entre vítima/agressor (Ex: swabs contendo secreção vaginal, anal, material subungueal, pêlos em vestes). Estas amostras deverão ser comparadas com *amostras de referência* (de origem conhecida), preferencialmente sangue, retirado de todos os periciados que passarem por coleta de amostras questionadas. No caso de necropsia, é importante coletar 2 amostras de diferentes tipos, seguindo a ordem: sangue, músculo, dentes molares, demais dentes e cabeça de fêmur, priorizando aquele que estiver em melhor estado de conservação. No caso de vivos, a coleta deve sempre ser acompanhada da *Declaração de Coleta*, devidamente preenchida e assinada.

O material utilizado para coleta é o Swab de Algodão. Trata-se de um cotonete estéril, que se constitui de uma haste plástica com algodão em somente uma das pontas, chamado de swab. Tais swabs são embalados individualmente de forma estéril e devem ser recolocados nesta mesma embalagem individual, devidamente identificada, após a coleta.

Os PMLs do interior que não receberem os "swabs de algodão" deverão solicitá-los junto à Divisão de Perícias do Interior.

a) O uso do cotonete comum, vendido em farmácias e supermercados, *não* é apropriado por não ser estéril, podendo comprometer a análise de DNA. Além disso, os swabs com ponta de escova *não* podem ser usados, pois os mesmos promovem intensa descamação da mucosa da vítima, resultando na impossibilidade de identificação do perfil do agressor devido à baixa relação células do agressor/células da vítima.

b) Toda análise de DNA em uma amostra questionada depende das amostras de referência para comparação genética, ou seja, é necessário o encaminhamento de amostra de referência da vítima e/ou dos possíveis suspeitos para a realização do exame.

c) Sempre que possível, enviar para o Setor de Genética Forense as vestes íntimas das vítimas, embaladas em envelope de papel e devidamente identificadas (estas também devem constar na Requisição de Exame).

d) O exame de conjunção carnal e a necropsia são momentos únicos para a coleta destas evidências biológicas. O retorno da vítima (viva) para coleta posterior torna-se prejudicada no momento em que esta já realizou a higiene íntima e/ou muito tempo passou-se após o crime. Com relação a vítimas mortas, uma exumação para coleta deste tipo de material resta prejudicada, visto o preparo para as cerimônias fúnebres (lavagem e manipulação cadavérica) e a rápida degradação desta secreção por micro-organismos.

22.1. Procedimentos de coleta

a) A região a ser coletada na vítima (vaginal, anal, mamilar, subungueal) deve ser determinada pelo perito médico-legista, conforme relato/histórico da própria vítima (quando possível), tendo como objetivo principal a *obtenção de material biológico do agressor*.

b) No momento da coleta, deve-se priorizar, quando possível, a coleta de *fluidos biológicos* deixados pelo agressor na vítima, e evitar ao máximo a coleta da mucosa da vítima. A justificativa desta preferência se deve ao fato de que, na análise de DNA pela técnica da PCR, amostras contendo misturas tendem a apresentar uma amplificação preferencial do material biológico que estiver em maior quantidade, normalmente o da vítima.

c) Observação importante: a Pesquisa de Espermatozoides é realizada pelo Setor de Patologia do DML, e a lâmina coletada para esta finalidade *não* é adequada para o exame de DNA, não sendo mais recebida no Setor de Genética Forense. Desta forma, coletar, preferencialmente, *3 swabs* (o swab utilizado para a lâmina que irá para pesquisa de espermatozoides também pode ser utilizado para exame de DNA, não devendo ser descartado após passar na lâmina).

22.2. Identificação das amostras

Após a coleta, as amostras coletadas com swab devem ser recolocadas em suas embalagens originais, as quais devem ser devidamente identificadas. O *tipo de amostra* coletada (vaginal, anal, mamilar ou oral) e o *nome completo* da pessoa que foi submetida à coleta devem ser escritos diretamente no lado de fora da embalagem do swab. Caso tal procedimento não seja possível, recomenda-se o uso de etiquetas adesivas *fortemente* fixadas à embalagem.

22.3. Armazenagem das amostras

Os swabs devem ser colocados dentro de um envelope único, identificado com o nome do periciado. As amostras devem ser mantidas à temperatura entre 4°C e 8°C (mesma temperatura de uma geladeira comum). Esta orientação deve ser rigorosamente obedecida, a fim de evitar a degradação do material por proliferação de micro-organismos.

Para o transporte destas amostras, do Posto Médico até o Setor de Genética Forense, deve-se armazená-las em um isopor contendo gelo, evitando o contato direto deste com as amostras. Todos os cuidados devem ser tomados para evitar que as identificações se percam.

22.4. Documentação necessária

a) Ofício da Delegacia de Polícia (cópia) que solicita o exame, contendo o número do Boletim de Ocorrência.

b) Requisição de Exame do Posto Médico-Legal assinada pelo médico-legista.

c) Autorização de Coleta de material de referência assinada pelo periciado, com cópia de documento de identificação.

A tabela explicativa para coleta de material para exame de DNA em casos de crimes sexuais encontra-se no anexo 42.6.

23. Rotina para coleta e envio de material para pesquisa de espermatozoides

A pesquisa de espermatozoides é realizada pelo Laboratório de Patologia – Fone: 32882669.

O material necessário para pesquisa de espermatozoides em secreções inclui:

a) Lâmina com ponta fosca;

b) Porta-lâminas;

c) Fixador citológico;

d) Lápis preto;

e) Requisição do material.

Preparo da lâmina e do frasco:

a) Anotar na parte fosca da lâmina, com uso de um lápis, as iniciais do nome do periciado;

b) Identificar as lâminas de acordo com o local coletado: vaginal, anal e outras secreções;

c) Confeccionar o esfregaço dispondo o material coletado sobre a lâmina;

d) Pingar 2-3 gotas do fixador citológico sobre o esfregaço, estando a lâmina na posição horizontal e aguardar a sua secagem;

e) Colocar a lâmina dentro do frasco porta-lâminas sem adição de álcool, pois o material já está fixado.

Confecção do Esfregaço: após a coleta, distender todo o material sobre a lâmina, previamente identificada, com as iniciais do nome do periciado e o tipo de material, de maneira delicada, para a obtenção de um esfregaço uniformemente distribuído, fino.

Observar a adequada identificação da lâmina, frasco porta-lâminas e requisição.

Nunca colocar álcool nos frascos porta-lâminas. Estes frascos se destinam ao transporte de lâminas previamente fixadas com o fixador em gotas.

A pesquisa de espermatozoides somente é realizada em esfregaços aplicados em lâminas de vidro no Laboratório de Patologia do DML.

O uso de "swabs" destina-se exclusivamente à pesquisa de DNA e deve ser encaminhado ao Laboratório de Genética Forense com a respectiva requisição.

24. Rotina para coleta de material biológico para exame anatomopatológico

As peças anatômicas coletadas para exame histopatológico devem ter pequeno tamanho, representar a lesão e ser acondicionadas em frasco contendo formol a 10%. O volume de formol deve ser 10 vezes o da peça para uma boa fixação.

Na coleta do material para exame histológico, devem-se evitar áreas hemorrágicas. Não mandar órgão inteiro, mas apenas a região afetada ou parte desta.

Os fragmentos coletados não devem ser maiores que 6 a 8 centímetros, e o material deve ser lavado para retirada do excesso de sangue.

Observar a adequada identificação do frasco e da requisição, que deverá conter história clínica, quando disponível.

O material biológico coletado para exame toxicológico não poderá ser colocado em formol a 10%. Conservar o material coletado congelado.

25. Rotina de procedimentos em acidente de punção

Todo o acidente de punção e/ou ferimento com suspeita de contaminação por líquidos orgânicos, passíveis de contaminação por vírus de hepatite ou HIV, deverá ser submetido aos seguintes procedimentos:

a) limpeza mecânica do local (água e sabão);

b) encaminhamento, em Porto Alegre, ao *Hospital Sanatório Partenon* – em prazo, se possível, de *duas (02) horas* para atendimento naquele local. O atendimento é feito 24 horas por dia, na Avenida Bento Gonçalves, 3722.

c) preenchimento da guia de encaminhamento do servidor pela Direção ou pelo Perito de Plantão (anexo 42.13).

Os PMLs do interior do Estado deverão estabelecer uma rotina de atendimento, encaminhamento e acompanhamento destes casos, em conjunto com a Secretaria da Saúde do Estado ou de cada município.

26. Rotinas do serviço de odontologia legal

A área de atuação deste serviço inclui realizar:

a) Perícias em todos os cadáveres que entrarem como desconhecidos (referência que consta na ficha de remoção) ou sem condições de reconhecimento (putrefatos, acidentados, carbonizados, afogados, etc.).

b) Perícias em vivos; nos exames de lesões corporais cujas lesões sejam na região bucal, cabeça e pescoço.

c) Perícias Diversas, que compreendem o exame em ossadas (setor de antropologia forense), má prática em procedimentos odontológicos, exames de determinação de idade através dos dentes, exame de mordida e identificação em acidente de massa.

O Exame de Identificação Odonto-Legal é realizado somente mediante requisição escrita, de acordo com a relação de exames realizados pelo DML. A perícia odonto-legal se dará, preferencialmente, após a realização da necropsia, ficando a critério do perito a presença do auxiliar de perícias.

A recepção do necrotério emitirá requisição específica para o exame odonto-legal, no qual o perito registrará os dados de identificação em odontograma impresso na requisição. Este rascunho será, posteriormente, descrito detalhadamente no laudo, além da confecção da "fórmula odontológica". O perito poderá solicitar documentação fotográfica específica de dados que possam contribuir para o reconhecimento posterior (próteses, restaurações, atipias dentais, etc.).

No Exame de Lesões Corporais, o periciado será encaminhado para o Serviço de Odontologia Legal após ser examinado pelo médico-legista na perícia clínica, exceto em casos que a solicitação seja específica para o exame odonto-legal (por ex. perícia diversa) ou em casos de exame de lesões complementares que tenham previamente passado pelo serviço de odontologia legal, para resposta aos quesitos.

A recepção da clínica emitirá requisição específica para o atendimento odontológico, em que o perito registrará os dados do exame clínico. As lesões a serem periciadas pelos Cirurgiões-Dentistas não se limitam ao aparelho estomatognático em si, mas se estendem por todo o corpo, nos casos de marcas de mordida em cenários como estupro ou simplesmente lesões corporais, onde a confrontação pode permitir identificar ou descartar um suspeito.

Os peritos analisarão as circunstâncias e principalmente os elementos objetivos, descrevendo minuciosamente o exame, incluindo os achados normais e os anormais, estabelecendo o nexo causal quantitativo e qualitativo entre o histórico e o exame, ilustrando o laudo quando necessário (CPP, arts. 160 e 165). O perito poderá solicitar documentação fotográfica específica das lesões, bem como de documentos odontológicos e/ou objetos.

Nos Exame de Ossadas, o Serviço de Antropologia Forense do DML solicitará, mediante requisição, a confecção de laudo odonto-legal de ossadas que apresentarem crânio com vestígios de ossos maxilares e elementos dentários. O Laudo do Exame Odonto-legal comporá o Laudo de Ossadas, e será encaminhado diretamente ao serviço de Antropologia. Fotografias serão realizadas a critério do perito. No laudo constará o nome e assinatura dos peritos médico-legistas e odonto-legistas participantes da equipe de Antropologia Forense.

Nos casos para determinação da idade, os dentes apresentam papel importante pelo fato de apresentarem características específicas e compatíveis com as diversas fases de desenvolvimento da idade humana.

O estudo das marcas de mordida é realizado analisando forma, localização, tamanho e algumas características específicas dos arcos e unidades dentárias. As marcas deixadas pelos dentes e outros elementos duros da boca possuem características únicas e podem, portanto, ser utilizadas na identificação da pessoa que provocou a lesão. O exame sistemático das mordeduras consiste em três etapas: descrição das marcas das mordidas (sejam elas em pele, objeto ou alimento), coleção de evidências da vítima e coleção de evidências do suspeito.

Nos casos de Identificação em Acidentes de Massa, a odontologia legal se apresenta como um ótimo método de identificação por possuir características fundamentais que são vistas como vantagens em relação a outros métodos de identificação. Estas vantagens incluem baixo custo, facilidade e rapidez na aplicação da técnica e a confiabilidade dos resultados obtidos. O método faz a identificação da pessoa por meio dos dados odontológicos do paciente (dados *ante mortem*), comparando registros com a do corpo encontrado (dados *post mortem*).

27. Rotina do serviço de atendimento psicossocial

Este serviço oferece um atendimento às vítimas de *violência doméstica* e *violência sexual*, incluindo atendimento psicológico, encaminhamento através do serviço social e orientação jurídica.

O *Serviço Psicossocial* tem por meta reduzir o potencial ofensivo da exposição da vítima ao procedimento pericial; fornecer informações que ajudem a vítima a dar solução a problemas costumeiramente associados à situação de violência em que ela está envolvida; esclarecer acerca de direitos e obrigações que assistem a vítima e, ainda, dos meios para tutelar esses direitos.

Com ofício exarado pela Autoridade Policial na maioria dos casos ou, excepcionalmente, pela autoridade judiciária ou pelo Ministério Público, a vítima dirige-se à recepção da Clínica do DML. Após a realização da perícia, a vítima é encaminhada ao atendimento no Setor Psicossocial e recebe o atendimento.

Em alguns casos de abuso sexual, poderá ser conveniente que a vítima tenha o atendimento psicossocial antes da perícia, o que lhe favorece em termos de diminuição da ansiedade, reduzindo o *efeito de revitimação* inerente à exposição proporcionada pelo exame pericial.

Fazem parte dos objetivos deste serviço:

a) Detectar, por meio da entrevista com a vítima, as circunstâncias de vulnerabilidade, avaliando o grau de urgência das medidas demandadas.

b) Indicar, na medida do possível, alternativas de solução para os problemas detectados.

c) Informar acerca de serviços disponíveis na comunidade, aos quais a vítima poderá recorrer.

d) Efetuar encaminhamentos para serviços da rede, como abrigos, em casos extremos de violência doméstica, e centros de referência para atendimento médico e profilaxia de DST/AIDS, nos casos de abuso sexual.

e) Orientar (eventualmente encaminhar), se necessário, a vítima para os serviços de assistência jurídica disponíveis na comunidade.

28. Rotina do serviço de perícias psíquicas (psiquiátricas e psicológicas)

O Serviço de Perícias Psíquicas do DML está voltado ao atendimento de vítimas. Os infratores que tiverem que ser examinados para uma avaliação psiquiátrica deverão ser encaminhados ao Instituto Psiquiátrico Forense (IPF).

Este serviço realiza exame psiquiátrico forense e/ou exame psicológico forense (com o uso de testes psicológicos) com a finalidade de elucidar fatos do interesse de autoridade judiciária, policial ou administrativa, constituindo-se em meio de prova.

Um objetivo específico do serviço é contribuir para resposta dos 6º e 7º quesitos do laudo da perícia médico-legal no que se refere às funções psíquicas e/ou cognitivas, respondendo ainda em quesitos específicos ao final do laudo:

11º) Se resultou debilidade permanente ou perda ou inutilização de função psíquica e/ou cognitiva (resposta especificada)?

12º) Se resultou incapacidade para o trabalho ou enfermidade incurável decorrente de alteração da função psíquica e /ou cognitiva (resposta especificada)?

O público-alvo destes atendimentos são vítimas adultas (maior ou igual a 18 anos) de:

a) violência sexual

b) violência física severa

c) uso de meios cruéis ou tortura

d) acidente de trânsito com TCE e com suspeita de alterações cognitivas (atenção, orientação, memória, funções executivas)

Critérios de exclusão, para realizar este tipo de exame, incluem: avaliação de dependência química; avaliação de insanidade mental; vítimas crianças e adolescentes (<18 anos); perícias que são de competência do Instituto Psiquiátrico Forense (réus, acusados, avaliação de imputabilidade, periculosidade, etc.).

A perícia psíquica é realizada em periciados atendidos no DML e solicitada pelo perito médico-legista do caso. A solicitação do exame será preenchida pelo médico-legista e encaminhada à Recepção da Clínica Médico-Legal (anexo 42.9). Estes pedidos serão recolhidos diariamente para posterior agendamento (assim, poderão ocorrer encaminhamentos durante plantões noturnos e finais de semana).

A solicitação desta nova perícia ocorre de forma independente da perícia médico-legal. Para isso, considerar as seguintes possibilidades:

a) Presença de lesão física *com* indicação de Exame Complementar (DEC) e *com* suspeita de dano psíquico: Registrar no 6º e no 7º quesitos: *"para fins de perícia médico-legal física, o periciado deverá retornar no prazo não inferior a .... dias"* e ao encerramento do laudo indicar que foi solicitada perícia psíquica (indicar se psiquiátrica ou psicológica) – *"Foi indicada perícia médico-legal psíquica que, após sua realização, será enviada à autoridade solicitante"*;

b) Presença de lesão física *sem* indicação de Exame Complementar (DEC) e *com* suspeita de dano psíquico: Registrar no 6º quesito: *"Não, para fins de perícia médico-legal física"* – 7º quesito: *"Não, para fins de perícia médico-legal física"* e ao encerramento do laudo indicar que foi solicitada perícia psíquica (indicar se psiquiátrica ou psicológica) – *"Foi indicada perícia médico-legal psíquica que, após sua realização, será enviada à autoridade solicitante"*;

c) Ausência de lesão física *com* suspeita de dano psíquico: Registrar no 1º quesito *"Não para fins de perícia médico-legal física"*, nos demais quesitos: *"Prejudicado para fins de perícia médico-legal física"* e ao encerramento do laudo indicar que foi solicitada perícia psíquica (indicar se psiquiátrica ou psicológica) – *"Foi indicada perícia médico-legal psíquica que, após sua realização, será enviada à autoridade solicitante"*.

29. Rotina do serviço de remoção fúnebre

O Serviço de Remoção Fúnebre tem a finalidade de transladar cadáveres por solicitação de Autoridade Policial e por determinação da direção do DML/DPI/PML. As cidades de Porto Alegre, Caxias do Sul e Pelotas e parte de suas regiões metropolitanas contam com viaturas próprias. Nas demais regiões do Estado, a remoção de cadáveres é realizada por serviços funerários através de termo de cooperação firmado entre o IGP e o SESF.

O acionamento do Serviço é realizado através do(a):

a) Centro Integrado de Operações da Segurança Pública – CIOSP.

b) Polícia Civil em locais onde o CIOSP não atende.

c) Direção do DML/DPI/PML em ocasiões específicas como exumações, sepultamentos, etc., através de solicitação administrativa.

Após o recebimento do chamado, a equipe que atenderá a ocorrência informa ao CIOSP sobre qual viatura, qual servidor, Km inicial e horário do deslocamento. Ao chegar ao local, informa ao CIOSP.

O recolhimento do corpo do local da ocorrência só será realizado após encerrados os trabalhos da perícia (DC) e da investigação policial. Após liberação para recolhimento do cadáver, será realizada a identificação do corpo com a colocação de uma pulseira.

Ao chegar na base (DML/PML), é informado ao CIOSP o horário e o Km.

No DML/PML o funcionário do Serviço de Remoção realiza: a pesagem do corpo; inclusão no sistema computadorizado das informações sobre vestes e pertences; registro na ficha de necropsia do peso do cadáver.

Após inclusão dos dados e registro do peso, o cadáver é colocado na maca, dentro das dependências do necrotério, e são passadas as informações ao auxiliar de perícias do necrotério juntamente com a ficha de pertences e vestes.

A prioridade no atendimento, em caso de chamadas simultâneas para recolhimento de corpos, segue a seguinte ordem: 1º – Via pública; 2º – Residência; 3º – Instituição de Saúde.

No recolhimento de cadáveres de instituições de saúde, deverá ser disponibilizada ao auxiliar de perícias a Guia de Encaminhamento de Corpos ao DML/PML devidamente preenchida e assinada pelo médico plantonista ou responsável pelo caso.

A prestação de serviços envolvendo exumações e sepultamentos deverá sempre ser feita mediante agendamento prévio.

Na eventualidade de recolhimento de corpos em locais de muito difícil acesso como penhascos, mata fechada, lagoas, etc., poderá ser necessário o auxílio do Corpo de Bombeiros.

30. Rotina da equipe de transplantes (perícias em doadores de órgãos)

Para realização de necropsias em casos de pacientes doadores de órgãos para transplantes e que tenham indicação deste procedimento, deverão ser seguidos os seguintes procedimentos:

a) Central de Transplantes comunica o necrotério da necropsia em doador;

b) Auxiliar de Perícia do Necrotério comunica ao perito do grupo de transplantes que está de plantão;

c) Cabe à Central de Transplantes comunicar a ocorrência do óbito à Delegacia de Polícia (DP);

d) A DP encaminhará, via fax (ou CIOSP), a solicitação da necropsia para o necrotério;

e) O auxiliar de perícias protocolará a perícia, a qual só será realizada após o recebimento da solicitação por parte da DP e do respectivo protocolo;

f) A máscara de necropsia com o respectivo protocolo deverá ser entregue ao perito antes da realização do exame, juntamente com a Declaração de Óbito (DO).

Não serão realizadas perícias sem que tenha documento da DP solicitando o exame.

A folha rosa da DO será entregue ao auxiliar de perícias que dará o trâmite de rotina, inclusive preenchendo o RECIBO DE ENTREGA DE CADÁVER, no qual deverão ser anotados os dados do periciado e que se trata de necropsia realizada em doador de órgão.

Os telefones da *Central de Transplantes* são: 3219-1900 e 3217-1616.

Esta rotina está estabelecida para o DML de Porto Alegre e poderá ser adaptada a todas as cidades em que sejam realizados transplantes de órgãos.

31. Rotina da equipe de exames externos

Considera-se "exame externo" aquela perícia cuja realização deverá ser feita fora das dependências do DML/PML, normalmente em hospitais ou residências.

A Equipe de Perícias Externas (EPE) é responsável pela realização das *perícias externas eletivas* – (não urgentes), incluindo neste caso principalmente exames de lesões corporais e exames complementares.

As *perícias externas urgentes* ficarão ao encargo dos médicos plantonistas. São considerados como urgentes os exames para verificação de embriaguez alcoólica, avaliação do uso de substâncias psicotrópicas, exames para investigação de violência sexual ou outros que no entendimento da autoridade solicitante demandem, por razões específicas, a pronta realização do exame.

A funcionária da recepção deverá incluir a solicitação do exame no sistema informatizado assim que receber o ofício da autoridade competente. Independentemente desse procedimento, essa funcionária deverá anotar a data e o horário do recebimento da solicitação no próprio ofício. No caso de *exames urgentes*, os peritos plantonistas serão prontamente notificados da chegada da requisição, devendo rubricar o ofício (acrescentando data e hora) e agilizar a realização da perícia. Os peritos plantonistas ficam responsáveis pela realização das perícias cuja chegada na recepção do DML ocorrer das 7h do dia do início do seu plantão até as 7h do dia subsequente. No caso das *perícias eletivas*, diariamente os peritos da EPE deverão verificar as requisições de exames que entraram até as 14h e tomar as providências para a sua realização.

32. Rotina da equipe de controle de laudos e normas técnicas

Caberá à Equipe de Controle de Laudos e Normas Técnicas a resolução dos problemas técnicos e administrativos surgidos em relação aos laudos realizados pelo DML, em Porto Alegre. Todos os casos pendentes em relação aos laudos serão encaminhados aos peritos através desta equipe, sendo que suas ações contam com apoio da Direção.

Será feito um levantamento semanal dos laudos pendentes há mais de 15 dias, incluindo necropsia e clínica médico-legal. As situações pendentes serão avaliadas conforme prioridades e encaminhadas para processo de resolução. A situação preferencial para atendimento inclui os laudos de necropsia, "aguardando assinatura ou conclusão de perito".

O atendimento diário de laudos pendentes far-se-á priorizando: (a) demandas da recepção, em que pessoas estão aguardando informação; (b) demandas emergenciais encaminhadas pela Direção; (c) encaminhamentos da secretaria do DML, com os atendimentos seguindo os prazos estabelecidos de forma mais emergencial.

Serão mantidas planilhas de acompanhamento com número do laudo, data, hora e motivo pelo qual o laudo está pendente. Deverá também ser anotado o procedimento previsto para solução do problema e o tempo de resposta.

Estas planilhas serão encaminhadas ao perito responsável pela equipe, com as demandas não atendidas num prazo de 48 horas.

Comunicações de problemas técnicos, eventuais dúvidas quanto aos procedimentos a serem adotados em situações emergenciais ou casos atípicos além das condutas não previstas em relação a laudos solicitados deverão ser comunicadas inicialmente e diretamente ao responsável pela equipe.

Laudos identificados como possuindo problemas técnicos, tanto na forma, como no conteúdo, serão analisados pela equipe, que buscará discutir com o perito ou funcionário responsável os problemas identificados, buscando uma solução específica para aquele caso.

Caberá ao perito responsável pela equipe elaborar uma planilha mensal de controle com nome do perito, tipo de laudo, tempo de atraso, tempo de resposta e motivo principal da não liberação do laudo no tempo adequado. Estas planilhas serão arquivadas e analisadas em períodos determinados, gerando relatórios que serão repassados à Direção do DML para conhecimento e providências.

Serão elaboradas, mensalmente, Planilhas de Problemas Técnicos, relacionando os principais problemas levantados, o responsável direto e a solução encaminhada. Este processo tem por objetivos estabelecer o diagnóstico dos principais problemas responsáveis pelo atraso na liberação dos laudos e buscar construir protocolos com soluções que serão repassadas ao conjunto dos funcionários envolvidos.

33. Rotina de identificação do periciado usando o Sistema de Identificação de Pessoas

Este sistema está disponível *on line* em alguns terminais de computador ligados ao banco de dados de pessoas da Secretaria da Justiça e da Segurança. Ele deverá ser utilizado para a identificação de indivíduos ou cadáveres, encaminhados ao DML para perícia, sem identificação ou com dados de identificação ausentes nas guias de encaminhamento. Ele pode ser utilizado por funcionários do DML responsáveis pela inclusão de perícias desde que devidamente cadastrados para operar o sistema. A pesquisa deverá seguir a seguinte sistemática:

- Quando o periciado for apresentado sem identificação, deverá ser acessado o sistema de identificação de pessoas, através de ícone específico na tela do computador. Este acesso será feito mediante senha pessoal e intransferível.
- Confirmar a identificação, se possível, comparando com a foto apresentada na tela do computador. Nos casos de cadáveres desconhecidos ou identificados de difícil reconhecimento deverá ser seguida a rotina do necrotério.
- Em caso de identificação negativa, o perito de plantão deverá ser notificado para que este encaminhe o periciado de volta à autoridade que solicitou o exame, comunicando a identificação negativa.
- Em caso de identificação positiva, na tela de "dados pessoais", confirmar, corrigir e atualizar os dados apresentados.
- Este sistema poderá ser utilizado também para acessar dados de identificação que estejam faltando nas guias de encaminhamento.
- Após a utilização, fechar o sistema e voltar à tela original. Evitar que o sistema de identificação permaneça ativo quando não estiver sendo utilizado.

34. Rotina dos serviços administrativos

Baseado no funcionamento do DML de Porto Alegre e em sua estrutura organizacional, foram desenvolvidas algumas rotinas a serem aplicadas aos serviços administrativos. Os PMLs que apresentarem estruturas equivalentes deverão aperfeiçoar e aplicar tais rotinas.

34.1. Arquivo

a) Recebimento de laudos:
- Receber os laudos que chegam da Reprografia, Patologia e do Posto Médico-Legal de Canoas;
- Os rascunhos manuscritos dos peritos médico-legistas e odonto-legistas, bem como outros documentos que não constem da relação abaixo, serão destruídos após assinatura do laudo pericial, quando do arquivamento dos mesmos:
  a) Laudo(s) Pericial(is) devidamente assinado(s) pelos peritos (incluindo o laudo preliminar ou sumário originais, com o seu respectivo ofício, quando for o caso);
  b) Ofício da Autoridade Policial ou judiciária que solicita o(s) exame(s);
  c) Laudo(s) do Departamento de Perícias Laboratoriais do IGP ou autenticados pelo laboratório;
  d) Figuras anatômicas;
  f) Fotografias;
  g) Folha rosa da Declaração de Óbito;
  h) Auto de Reconhecimento (quando houver).
- Fica a critério de cada perito, após a assinatura do laudo, guardar o seu próprio manuscrito. Documentos médicos originais (boletins de atendimento, atestados, relatórios) são encaminhados para o órgão de difusão juntamente com o laudo.
- Laudo *Post Mortem* – PM – (quando houver) e Auto de Reconhecimento ficam arquivados na secretaria do necrotério.

b) Remessa de laudos:
- Separar pela difusão para imprimir as guias (3 vias para cada órgão solicitante).
- Imprimir guias de encaminhamento conforme a difusão em 3 vias.
- Conferir guias de encaminhamento de acordo com os laudos.
- Verificar se constam todos os laudos na guia.
- Se não, pesquisar no terminal a situação do laudo.
- Verificar se o laudo está aguardando revisão.
- Se sim, levar para revisão na reprografia, patologia ou PML de Canoas.
- Aguardar revisão feita na hora, exceto quando o laudo for do PML de Canoas, quando deverá ficar aguardando alguém do Posto de Canoas ir a Porto Alegre buscar o laudo para então ser corrigido e novamente ir para o arquivo.
- Retornar ao arquivo.
- Acrescentar o número de protocolo e laudo à caneta na guia.
- Se a situação do laudo não está aguardando revisão, verificar se ele está em andamento.
- Se ele estiver como concluído, acrescentar número de protocolo à caneta na guia.
- Se ele estiver em qualquer outra situação que não seja em revisão ou concluído, devolver para reprografia ou patologia e ir para o final do processo.
- Desmembrar os laudos, uma via para DP e a outra para arquivar.
- Grampear guias e laudos pela difusão.
- São entregues pelo arquivo os laudos para delegacias Especializadas localizadas no Palácio da Polícia (DP para Mulher, DP para Idoso, DPs de Homicídios, etc.).
- Os laudos de Delegacias Distritais de Porto Alegre (1ª a 24ª DP) são entregues no DPRPA – Palácio da Polícia.
- Laudos para Brigada Militar, Delegacias Especializadas localizadas fora do Palácio da Polícia e para Delegacias da Região Metropolitana são retirados por funcionário identificado no setor do arquivo.
- Laudos para o Poder Judiciário são encaminhados via correio pela secretaria.
- Retornar trazendo de volta uma guia de remessa de cada DP, devidamente assinada, datada e com o RG do recebedor.
- Dar baixa no sistema e arquivar as guias de remessa.
- Tanto guias de encaminhamento quanto os laudos são arquivados em caixas de arquivo morto separados em sacos plásticos por data, e não mais por difusão.

c) Digitalização e Arquivamento de guias e laudos:
- Guias e laudos são arquivados por data, em caixas de arquivo.
- Os laudos desmembrados são digitalizados e salvos no "Liquid" pelo número de laudo e após arquivados. Laudos de 1992 a 2003 foram salvos no Liquid pelo número de Protocolo. O "Liquid" é um programa de armazenamento de laudos digitalizados, que permite busca e emissão de documentos.

34.2. Recepção

a) Informações sobre andamento de laudos:
- Receber o periciado ou seu representante no guichê ou através do telefone solicitando informações sobre os laudos.
- Pesquisar no sistema PGP, pelo nome do periciado ou número de ocorrência para verificar o andamento do laudo.
- Verificar se o laudo está pronto.
- Se não, anotar o número do protocolo, o telefone do DML e entregar para a pessoa acompanhar o andamento do laudo. Se sim, preencher o requerimento de retirada do laudo para controle interno e para fins de estatística.
- Verificar se o laudo é antigo (anterior a setembro de 1993). Se sim, pesquisar no Sistema de Perícias – Sistema PER.
- Verificar se o laudo está microfilmado. Se sim, pegar o rolo referente ao laudo e solicitar à secretaria para fazer ofício ao DIMP.
- Se laudo for posterior a setembro de 1993 e anterior a agosto de 2009, pesquisar no Sistema CPE.
- Procurar o laudo concluído no LIQUID pelo número de protocolo, se o período for de 1993 a 2004, ou pelo número do laudo, se posterior a 2004. Imprimir e autenticá-lo.
- Pegar comprovante do pagamento da taxa ou preencher a declaração de pobreza.
- Entregar cópia do laudo à pessoa interessada.

34.3. Pessoal

a) Efetividade de funcionários da capital:
- Receber dos funcionários os pedidos de férias e licenças, auxiliando-os, quando necessário, no preenchimento.

- Após, anotar na ficha funcional correspondente a cada funcionário.
- Elaborar os livros-ponto (para os funcionários do prédio) e folhas-ponto (para os servidores do Serviço de Remoções Fúnebres).
- Anotar as férias e licenças solicitadas e distribuir aos setores correspondentes.
- Revisar os pontos até o dia 03 do mês subsequente a fim de apurar as faltas e se todos assinaram.
- Fazer a conferência do ponto.
- Elaborar a efetividade registrando as faltas, as licenças e as férias.
- Encaminhar ao Diretor, para conhecimento e assinatura.
- Encaminhar ao IGP a 1ª via da efetividade, juntamente com os formulários das licenças, férias e atestados de faltas justificadas (via rota) e arquivar a 2ª via.

b) Atualização de promoções:

- Fazer a leitura da listagem do "Banco de Dados de Pessoal" de cada funcionário, por período. Cargos de nível médio a avaliação é feita, por semestre, enquanto em cargos de nível superior a avaliação é anual.
- Registrar na folha de ocorrência de cada funcionário os fatos relevantes (aqueles que impedem o funcionário de concorrer à promoção), bem como as faltas justificadas e não justificadas do período.

c) Recebimento de processos e ofícios dirigidos aos servidores:

- Recebem-se, via Secretaria, ofícios e processos originários de diversos órgãos, tais como, Poder Judiciário, Polícia Civil e Instituto Geral de Perícias, a fim de dar ciência do conteúdo aos servidores.
- Repassar aos interessados.
- Quando se tratar de solicitação diversa, ou seja, elaboração de atestados com fins de requerimento de insalubridade ou outros, atender ao pedido.
- Estando ambos os casos solucionados, repassar a resposta, via ofício ou informação, ao conhecimento do Diretor para assinatura.
- A 1ª via (do ofício ou o processo original com a informação solicitada) é encaminhada ao setor solicitante, sendo a 2ª via arquivada.

d) Pagamento de diárias:

- Receber solicitação para fazer documentação referente a viagens.
- Verificar se o funcionário tem direito a diárias, ou seja, se a distância do deslocamento é superior a 50 km.
- Se for superior a 50 km, informar que o servidor tem direito a diárias. Se não for, avisar que o servidor não tem direito a diárias.
- Elaborar documentação no Word (ordem de serviço, prestação de diárias e requisição de diárias) referente ao deslocamento.

- Entregar documentação ao funcionário para ser preenchido pela chefia do órgão a ser visitado.
- Após o deslocamento do servidor, solicitar a este os documentos preenchidos.
- Verificar se os documentos foram corretamente preenchidos.
- Se não foram, solicitar ao funcionário que fez o deslocamento que providencie o preenchimento dos documentos.
- Colocar o número da ordem de serviço na requisição de diárias.
- Entregar ao Diretor do DML para conhecimento e assinatura.
- Protocolar no livro GAB/DML a documentação a ser enviada ao IGP.
- Enviar, via Rota, documentos ao IGP.

34.4. Secretaria

a) Protocolo de ofícios:
- Receber a correspondência.
- Anotar no PGP os seguintes dados: origem, data, número de ofício, nome do periciado.
- Verificar a origem e a informação contida na correspondência. Se for solicitação de laudo, encaminhar à chefia para ser distribuída; se for laudo laboratorial, encaminhar ao laboratório; se não for nenhum dos itens acima, encaminhar para pesquisa.

b) Pesquisa de Laudos:
- Receber solicitação de pesquisa.
- Verificar, pelo nome, se o periciado possui cadastro.
- Verificar se o laudo está concluído.
- Se estiver concluído, anotar o número de protocolo, a data da remessa do laudo; órgão para o qual foi remetido o laudo; RG e/ou nome do funcionário que recebeu o laudo.
- Se não estiver concluído, anotar o número do protocolo, a difusão, o número dos exames e a situação do laudo (aguardando assinatura, aguardando laboratório, aguardando exame, etc.).
- Se o periciado não possuir cadastro, pesquisar através dos demais dados fornecidos.
- Se não tiver sido encontrado, pedir ao órgão solicitante para enviar os dados necessários via ofício.

c) Digitação:
- Receber solicitação para digitação de documentos.

- Pesquisar o conteúdo dos documentos.
- Digitar os documentos de acordo com as solicitações realizadas.
- Submeter ao solicitante para revisão.
- Se não estiver ok, corrigir o documento.
- Se estiver ok, entregar ao solicitante.

d) Envio de correspondência:

- Receber solicitação de envio de correspondência.
- Fazer envelopes de acordo com os dados contidos no ofício e no livro de correspondência.
- Verificar se são para delegacias. Se for, fazer guia de remessa contendo o número do ofício e registrar o ofício e a guia de remessa no livro da portaria.
- Se não for, verificar se são para o Foro Central ou para algum dos Foros Regionais. Se for, registrar o número do ofício no livro do Foro Central.
- Para outros destinos, selar o documento, registrar no livro do correio.
- Enviar conforme destino.

e) Arquivamento de Ofícios:

- Separar toda a correspondência recebida ou expedida para arquivamento.
- Documentos recebidos pelo DML de outros órgãos deverão ser arquivados na pasta Ofícios Entrada/ano pelo *número de protocolo*.
- Ofícios expedidos delo DML deverão ser arquivados na pasta Ofícios Saída/ano pelo *número de oficio*.

f) Revisão de Ofícios:

- Receber solicitação para revisão de ofício.
- Verificar se os dados estão de acordo com os do laudo e do ofício solicitante.
- Se não estiverem, corrigir os erros e encaminhar para digitar novamente.
- Se estiverem, encaminhar para assinatura da direção.
- Verificar se o ofício foi assinado. Se não estiver assinado, aguardar assinatura.
- Se estiver assinado, separar a cópia do ofício do original, anexar os laudos ao original se for o caso, colocar as cópias para arquivamento.

g) Correspondência Interna:

- Receber e protocolar a correspondência.
- Encaminhar à direção para despacho.
- Distribuir aos setores conforme o despacho da Direção e anotar na planilha a data e o destinatário.
- Entregar a correspondência

34.5. Reprografia

a) Atendimento de Laudos:
- Pegar laudos com os escrivães.
- Acessar o sistema PGP para colocar as datas de atendimento, do exame e nome.
- Conferir dados do periciado, número de protocolo e laudo, data do exame.
- Se os laudos estiverem completos, colocar na pasta dos peritos para conferência e assinatura.
- Se não, passar os que estiverem errados para correção.
- Cancelar os erros de inclusão.
- Pedir relatórios hospitalares através de ofícios, se necessário.
- Informar a DP, através de ofício, que estamos no aguardo do relatório hospitalar.
- Receber os exames e relatórios solicitados.
- Pegar laudo e colocar na caixa do perito para conclusão do laudo.

b) Correção de Laudos:
- Receber os laudos dos escrivães para conferência.
- Revisar os laudos recebidos para detectar erros.
- Encaminhar os laudos errados para a correção.
- Passar os que tiverem sem erros para os peritos para assinatura.

c) Assinatura de Laudos:
- Colocar laudo na caixa do perito para revisão e assinatura.
- Aguardar assinatura do perito-relator.
- Retornar à correção caso o perito ou a Direção detecte algum erro.

d) Revisão e Remessa:
- Conferir laudos para serem entregues no arquivo.
- Os Laudos do Laboratório de Perícias não são mais encaminhados pelo DML. Os laudos do Laboratório, quando são referentes a atendimentos da Clínica do DML, são impressos pela Reprografia através do PGP e anexados ao laudo principal do DML. Do mesmo modo os laudos da Patologia.

34.6. Divisão de Perícias da Capital (DPC)

a) Efetividade da Limpeza:
- Receber todo o dia 20 memorando do IGP com formulário sobre o serviço de limpeza.

- Preencher formulário de acordo com informações recebidas da Divisão de Perícias da Capital;
- Elaborar memorando (2 vias) ao IGP.
- Remeter memorando e formulário preenchidos ao Diretor do DML para conhecimento e assinatura.
- Se estiver ok, arquivar a 1ª via do memorando.
- Protocolar memorando no livro GAB/DML.
- Enviar o 2ª via do memorando, com o formulário ao IGP utilizando o serviço de Rota.

b) Despesas de Pronto Pagamento:

- Receber memorando do IGP em que são informados a data e o valor a ser creditado na conta do Diretor do DML e do chefe do DPC.
- Verificar as necessidades do Departamento.
- Verificar se o serviço é urgente.
- Se não for, realizar três orçamentos; se for, realizar somente um orçamento.
- Autorizar o orçamento de menor custo.
- Após a execução do serviço, solicitar nota fiscal ou RPA.
- Após 30 dias, a contar da data do crédito, verificar o valor que não foi gasto.
- Fazer ofício referente prestação de contas ao Diretor Administrativo do IGP.
- Fazer atestado informando os serviços que foram realizados.
- Criar tabela de despesas de pronto pagamento em ordem crescente de datas.
- Consultar extrato bancário e fazer verificação de valores.
- Organizar documentação a ser enviada ao IGP (ofício, atestado de serviços recebidos, requisição de adiantamento, extratos do dia do crédito e do dia final, tabelas de despesas, nota fiscal/RPA).
- Carimbar folhas a serem enviadas ao IGP.
- Colher assinatura do Diretor do DML e do Chefe de Perícias da Capital.
- Tirar cópia da documentação e arquivar na pasta "prestação de contas" Gabinete
- Protocolar documentos a serem enviados no livro GAB/DML.

c) Solicitação de Materiais:

- Receber todas as solicitações das áreas do DML, com codificação dos materiais e quantidades.
- Encaminhar pedido ao almoxarifado do IGP na segunda-feira e na quarta-feira.

- Buscar os materiais solicitados na segunda-feira, quinta-feira ou sexta-feira.
- Receber os materiais e conferir se estão de acordo como o solicitado.
- Armazenar no almoxarifado do DML.
- Distribuir aos setores do DML quando solicitado.

d) Elaboração de rescisão e contrato de estagiários:

- Consultar a tabela em que consta o término do contrato de estagiários (o estágio máximo é de 2 anos).
- Solicitar junto à chefia para que preencha o "Perfil" do novo estagiário, a ser contratado 30 dias antes do vencimento do contrato do atual.
- Se o estagiário solicitar a rescisão, fazer ofício pedindo novo estagiário.
- Preencher imediatamente o perfil sobre novo estagiário.
- Encaminhar após o preenchimento do perfil o ofício, e ambos são levados ao conhecimento do Diretor do DML para assinatura;
- Encaminhar a 1ª via à Divisão de Pessoal/IGP, juntamente com o "Perfil", e a 2ª via é arquivada.

e) Efetividade de estagiários da capital:

- Imprimir as folhas-ponto até o dia 25 de cada mês.
- Distribuir as folhas-ponto aos setores onde os estagiários exercem suas atividades.
- Recolher as folhas-ponto referente ao período de 26 do mês anterior a 25 do mês atual.
- Conferir se estas folhas foram devidamente assinadas.
- Fazer ofício para encaminhar os pontos e levar ambos para o conhecimento e assinatura do Diretor.
- Após, tirar cópias das folhas-ponto.
- Arquivar a 2ª via do ofício.
- Encaminhar pontos originais e a 1ª via do ofício à Divisão de Pessoal/IGP (via rota).

34.7. Divisão de Perícias Metropolitanas (DPM)

a) Recebimento de ofícios, memorandos e processos:

- Receber os ofícios, memorandos ou processos.
- Ler e analisar o que foi solicitado.
- Verificar a possibilidade de atender ao que foi requerido OU encaminhar a solicitação ao chefe do DPM para análise e resposta.

- Encaminhar o ofício ao Diretor para assinatura.
- Enviar via original do ofício ao local de destino através do livro protocolo da Secretaria ou Correio.
- Arquivar uma via do ofício na DPM.

b) Efetividade dos Estagiários:

- Receber as folhas-ponto dos estagiários.
- Fazer ofício, buscando um número de ofício na Secretaria, e anexar as folhas-ponto e encaminhar ao Diretor do DML para assinatura.
- Tirar cópia das folhas-ponto.
- Enviar ofício e folhas-ponto originais ao IGP-Divisão de Pessoal, através do livro protocolo da Secretaria.
- Arquivar a 2ª via do ofício e cópias das folhas-ponto no arquivo da DPM.

c) Efetividade dos servidores – PML:

- Receber os Boletins de Efetividade dos Postos Médico-Legais e analisá--los, a fim de resgistrar as faltas, licenças e frequências, até o dia 2 de cada mês.
- Verificar se chegaram todos os Boletins de Efetividade.
- Se sim, fazer a efetividade lançando os devidos registros.
- Se não, ligar para o PML que não enviou o Boletim de efetividade e solicitar que o envie.
- Fazer a efetividade, lançando os devidos registros.
- Fazer ofício efetividade, buscando número de ofício junto à Secretaria, a ser encaminhado ao IGP – Divisão de Pessoal.
- Colher assinatura do chefe da DPM e do Diretor do DML.
- Enviar a efetividade ao IGP, através do livro protocolo da Secretaria.
- Arquivar a segunda via da efetividade na DPM.

d) Estatística dos Exames Periciais:

- Receber as planilhas de estatística dos PMLs até o dia 5 de cada mês.
- Verificar se todas as planilhas de estatística chegaram até o dia 5.
- Se sim, digitar os dados em planilhas específicas.
- Se não, ligar para o PML que não enviou e solicitar que envie via fax.
- Enviar ao chefe da DPM, em mãos, para conhecimento.
- Arquivar na caixa de estatística da DPM.
- Enviar uma cópia ao IGP – Direção-Geral se necessário, através de fax ou livro protocolo da Secretaria.

e) Realizar a prestação de Contas de Despesas – PML.

35. Rotina para limpeza das áreas do DML

35.1. Área administrativa

Diariamente deverão ser realizados os seguintes procedimentos:

a) varrer e lavar os pisos de todas as salas – 1 vez ao dia e quando necessário (QN);
b) esvaziar as cestas de lixo 2 vezes ao dia e QN;
c) limpar os banheiros e repor o material de consumo (papel toalha, papel higiênico e sabonete) 2 vezes ao dia e QN;
d) tirar o pó dos móveis de todas as salas 2 vezes ao dia e QN;
e) limpar bancos 1 vez ao dia e QN;
f) limpar grades e corrimão 1 vez ao dia e QN;
g) limpar guichês de atendimento 2 vezes ao dia e QN;
h) limpar com álcool os telefones de todas as salas 1 vez ao dia.

Semanalmente deverão ser realizados os seguintes procedimentos:

a) lavar com máquina o piso de todas as salas;
b) limpar o teto das teias de aranha e do pó de todas as salas;
c) limpar as geladeiras;
d) limpar ventiladores de teto e condicionadores de ar (incluindo filtro).

Quinzenalmente deverão ser realizados os seguintes procedimentos:

a) lavar as janelas, vidraças, esquadrias e peitoris das janelas de todas as salas;
b) limpar as persianas/cortinas e seus suportes de todas as salas;
c) limpar as portas e esquadrias de todas as salas;
d) limpar as paredes e rodapés de todas as salas;
e) limpar as luminárias e lâmpadas de todas as salas.

A limpeza de manutenção das áreas acima discriminadas poderá ser solicitada pelos funcionários de qualquer um dos respectivos setores *sempre* que houver uma situação imprevista.

35.2. Área de atendimento clínico

Diariamente deverão ser realizados os seguintes procedimentos:

a) varrer e lavar os pisos de todas as salas – 1 vez ao dia e QN;
b) esvaziar as cestas de lixo 2 vezes ao dia e QN;
c) limpar os banheiros e repor o material de consumo (papel-toalha, papel higiênico e sabonete) 2 vezes ao dia e QN;
d) tirar o pó dos móveis de todas as salas 2 vezes ao dia e QN;
e) limpar bancos 1 vez ao dia e QN;
f) limpar grades e corrimão 1 vez ao dia e QN;
g) limpar guichês de atendimento 2 vezes ao dia e QN.

Semanalmente deverão ser realizados os seguintes procedimentos:

a) Lavar com máquina o piso de todas as salas;
b) limpar o teto das teias de aranha e do pó de todas as salas;
c) limpar as geladeiras;
d) limpar ventiladores de teto e condicionadores de ar (incluindo filtro).

Quinzenalmente deverão ser realizados os seguintes procedimentos:

a) lavar as janelas, vidraças, esquadrias e peitoris das janelas de todas as salas;
b) limpar as persianas/cortinas e seus suportes de todas as salas;
c) limpar as portas e esquadrias de todas as salas;
d) limpar as paredes e rodapés de todas as salas;
e) limpar as luminárias e lâmpadas de todas as salas.

A limpeza de manutenção das áreas acima discriminadas poderá ser solicitada pelos funcionários de qualquer um dos respectivos setores *sempre* que houver uma situação imprevista.

35.3. Área do necrotério

Diariamente deverão ser limpos:

a) os pisos de todas as áreas de acesso ao necrotério (saguão, recepção do necrotério, recepção da capela e capela, pátio), bem como de todas as suas áreas internas (corredores, salas de necropsias, exumações e antropologia, secretaria, recepção, banheiros, alojamento dos auxiliares, sala da balança) 2 vezes ao dia e QN;

b) as paredes das salas de necropsia e do serviço de antropologia, e do corredor que dá acesso aos cadáveres 2 vezes ao dia e QN;

c) as bases das mesas de necropsias 2 vezes ao dia e QN;

d) os balcões de trabalho da sala de necropsia e do serviço de antropologia 2 vezes ao dia e QN;

e) as escrivaninhas da sala de necropsia, da sala da antropologia, da sala do RX, e da secretaria 2 vezes ao dia e QN;

f) retirar o pó dos móveis da secretaria, da recepção, do protocolo, do quarto e da sala de estar dos auxiliares 2 vezes ao dia e QN;

g) higienização da cozinha, do banheiro e do quarto dos técnicos em perícia (pisos, paredes, pó dos móveis) 2 vezes ao dia e QN;

h) a limpeza de todas as dependências do Serviço de RX (pisos, pó dos móveis) 2 vezes ao dia e QN;

i) as macas de transporte de cadáveres e suas bandejas sempre que necessário.

Semanalmente deverão ser limpos:

a) o teto e retirado o pó de todas as salas;

b) a antecâmara da câmara fria;

c) as paredes da sala de necropsia, da sala da antropologia e dos corredores que dão acesso aos cadáveres, com lava-jato;

d) as paredes da cozinha, do alojamento e dos banheiros;

e) a sala de depósito das roupas dos cadáveres;

f) a sala de arquivo das ossadas;

g) a geladeira em que são guardados os materiais para exames;

h) as geladeiras dos materiais e de uso dos funcionários;

i) os ventiladores de teto e os condicionadores de ar (incluindo filtro);

j) o tanque que está localizado no pátio.

Quinzenalmente deverão ser realizados os seguintes procedimentos:

a) lavar as janelas, vidraças, esquadrias e peitoris das janelas de todas as salas;

b) limpar as persianas/cortinas e seus suportes de todas as salas;

c) limpar as portas e esquadrias de todas as salas;

d) limpar as paredes e rodapés de todas as salas;

e) limpar as luminárias e lâmpadas de todas as salas.

Uma vez por semestre a câmara fria será lavada de forma completa, inclusive as suas gavetas.

A limpeza de manutenção das áreas acima discriminadas poderá ser solicitada pelos funcionários do necrotério *sempre* que houver uma situação imprevista.

Cabe *aos técnicos em perícia* a limpeza dos seus materiais de trabalho, das cubas e parte superior das mesas de necropsias, bem como zelar pela limpeza das áreas de descanso e de atendimento ao público.

35.4. Orientações gerais

Tendo em vista as normas de acondicionamento de resíduos, deve ser observada a utilização dos sacos de lixo, conforme as especificações abaixo, em todas as dependências do DML:

a) *Saco Branco*: para resíduo contaminado (luvas, equipos sem ponta, gazes, algodão com sangue, curativos, drenos, sondas, enfim, todo material que teve contato com sangue e/ou secreção de paciente);

b) *Saco Verde*: para resíduo reciclável seco (papéis, plásticos, embalagens recicláveis limpas e secas) e para resíduo reciclável úmido (copos de água e cafezinho sem sobras, latinhas de refrigerantes, garrafas de água mineral, frascos e bolsas de soro vazio);

c) *Saco Preto*: para resíduo comum (papel-toalha, papel carbono, borra de café, absorventes higiênicos, papel higiênico e sobras de alimentos). Este tipo de saco de lixo já nos é enviado;

d) *Caixas para Pérfuro-Cortantes*: para vidros, seringas, agulhas, bisturi, as quais, posteriormente, são acondicionadas dentro de sacos brancos.

36. Rotina para circulação e acesso ao prédio do DML

A presente rotina tem por objetivos regulamentar a circulação e acesso de pessoas ao prédio do DML de Porto Alegre e organizar o serviço de guarda e portaria deste órgão, de forma a zelar pela segurança física de seus servidores, pelo patrimônio tanto público quanto dos bens pertencentes aos seus funcionários, controlar a entrada e saída de pessoas pela entrada principal e lateral, disciplinar o trânsito de veículos pela entrada lateral do prédio, bem como orientar e encaminhar os usuários deste órgão ao setor adequado. Algumas destas rotinas poderão ser adaptadas aos PMLs, conforme a estrutura disponível.

O Serviço de Guarda do DML será constituído por três funcionários, assim distribuídos nas dependências do prédio:
- Um na entrada lateral do prédio (24 horas)
- Um na entrada principal do prédio (24 horas)
- Um no segundo pavimento do prédio, das 8 às 19 horas, e no primeiro pavimento, das 19 horas às 8 horas.

Os servidores do prédio usarão crachá de identificação.

Os servidores deverão comunicar à Direção sobre a presença de pessoas estranhas dentro do prédio, sem a devida identificação através de crachá.

Em caso de recusa da identificação por parte de algum visitante ou servidor, a Segurança comunicará, imediatamente, à Direção do DML.

A segurança informará à Direção toda e qualquer irregularidade constatada no acesso e trânsito de pessoas no âmbito do Departamento.

A saída de bens patrimoniais pertencentes ao DML/PML para conserto por prestador de serviço será autorizada por funcionário do respectivo setor, em formulário próprio, devidamente preenchido. Ao sair do prédio, a Segurança conferirá a autorização e os equipamentos retirados.

A segurança da portaria do prédio será responsável pela guarda das chaves das viaturas pertencentes ao DML e anotará, em planilha apropriada, a entrada e saída dos veículos pertencentes ao Departamento, registrando a quilometragem e o horário de entrada e saída no prédio, bem como o nome do motorista, conferindo através de listagem fornecida pela Direção, se o motorista está autorizado a dirigir viaturas do Departamento. No momento da devolução das chaves, o servidor deverá rubricar o espaço correspondente na planilha.

O Setor de Pessoal enviará, mensalmente, ao Serviço de Guarda e Portaria a listagem dos servidores e estagiários do DML. Informará, também, o ingresso de novos funcionários e estagiários, bem como demissões e exonerações.

A DPC ficará responsável pela feitura dos crachás para os servidores e estagiários, bem como pelo recolhimento dos mesmos em casos de dispensa ou exoneração.

A Seção de Ensino e Pesquisa enviará, semestralmente, ao Serviço de Guarda e Portaria a lista das Universidades conveniadas com o nome dos seus respectivos professores.

A Seção de Ensino e Pesquisa enviará, mensalmente, ao Serviço de Guarda e Portaria a relação das Instituições com visitas agendadas e autorizadas, com os nomes dos seus respectivos professores.

36.1. Acesso de pessoas e veículos pela área do necrotério

O acesso de pedestres será restrito aos funcionários do DML ou de outros órgãos do IGP e da Secretaria da Justiça e da Segurança em serviço, a familiares de pacientes periciados no necrotério do DML ou que necessitem informações sobre pessoas desaparecidas, e a funcionários de empresas funerárias autorizadas pela SMIC e pelos familiares a remover cadáver para sepultamento.

O acesso de veículos será restrito aos carros do Serviço de Remoção Fúnebre do DML, aos carros oficiais do IGP, aos carros das empresas funerárias autorizadas pela SMIC e pelos familiares a fazerem a remoção do corpo para o sepultamento, aos carros do DMLU que fazem a coleta diária do lixo hospitalar, e a carros previamente autorizados pela Direção por necessidade de serviço.

Todas as pessoas se identificarão mediante a apresentação da Carteira de Identidade ou outro documento com fotografia, sendo válida também a Carteira de Motorista, Carteira Funcional, Carteira de Identidade Profissional.

Depois de autorizado o acesso, o segurança anotará em planilha específica, os dados relativos à identificação da pessoa (nome completo, número da identidade, órgão de origem – remoção IGP, funerária, DMLU, etc. – placas do veículo, hora de entrada, nome do funcionário que autorizou o acesso, hora da saída).

Na saída, a segurança registrará a hora da saída na planilha.

Aos servidores de outros órgãos que possuam crachás próprios, estes deverão manter o crachá do órgão de origem fixado à roupa em local visível, sendo os procedimentos de identificação e registros efetuados da mesma forma.

A velocidade máxima permitida para acesso de veículos no pátio do Departamento será de 20 km/h.

É proibida a entrada de mais de um familiar por vez para cada cadáver.

É proibido o acesso de funerárias não autorizadas, bem como de pessoas que trabalham de forma autônoma para funerárias, as quais deverão permanecer em frente ao portão do DML.

A planilha será entregue semanalmente à Chefia de Perícias da Capital.

36.2. Acesso de pessoas pela entrada principal do prédio

O acesso de visitantes e periciados ao prédio do DML se dará preferencialmente pela entrada principal, ficando o acesso pelo portão lateral restrito aos especificados acima.

O Serviço de Guarda procederá aos registros de entrada e saída de pessoas através da portaria principal do prédio. Todas as pessoas se identificarão mediante a apresentação da Carteira de Identidade ou outro documento com fotografia, sendo válida também a Carteira de Motorista, Carteira Funcional, Carteira de Identidade Profissional.

O segurança entrará em contato com funcionário do setor a ser encaminhado o visitante, solicitando a autorização de entrada.

Depois de autorizado o acesso, o segurança anotará em planilha específica os dados relativos à identificação da pessoa (nome completo, número da identidade, órgão de origem – DP, BM, PE, SUSEPE, particular, etc. – data, hora de entrada, nome do funcionário que autorizou o acesso, hora da saída).

Aos servidores de outros órgãos que possuam crachás próprios, estes deverão manter o crachá do órgão de origem fixado à roupa em local visível, sendo os procedimentos de identificação efetuados da mesma forma.

A planilha será entregue semanalmente à Chefia de Perícias da Capital.

Os servidores da Secretaria da Segurança Pública que estiverem acompanhando periciados deverão apresentar crachá próprio ou carteira funcional. Estes deverão manter o crachá do órgão de origem fixado à roupa em local visível, sendo os procedimentos de identificação efetuados da mesma forma (caso haja mais de um servidor acompanhando o periciado, basta a identificação de um dos servidores).

Periciados desacompanhados deverão apresentar o ofício de encaminhamento e identificar-se mediante a apresentação da Carteira de Identidade ou outro documento com fotografia, sendo válida também a Carteira de Motorista, Carteira Funcional, Carteira de Identidade Profissional. O segurança anotará em planilha específica, os dados relativos à identificação da pessoa (nome completo, número da identidade, data, hora de entrada, hora da saída, número do crachá fornecido); e o encaminhará ao primeiro andar, no caso de perícia médico-legal, ou ao terceiro andar, no caso de perícia a ser realizada no Departamento de Perícias Laboratoriais.

É proibida a entrada de acompanhantes de periciados, exceto para periciados menores de idade ou com dificuldade de se autodeterminar sozinhos (pacientes imobilizados, com dificuldades visuais, de fala, ou de consciência), neste caso, sendo permitido o ingresso de um acompanhante, o qual se identificará mediante a apresentação da Carteira de Identidade ou outro documento com fotografia, sendo válido também a Carteira de Motorista, Carteira Funcional, Carteira de Identidade Profissional; o segurança anotará em planilha específica, os dados relativos à identificação da pessoa (nome completo, número da identidade, data, hora de entrada, hora da saída, número do crachá fornecido); e o encaminhará ao primeiro andar, no caso de perícia médico-legal, ou ao terceiro andar, no caso de perícia a ser realizada no Departamento de Perícias Laboratoriais.

36.3. Acesso de professores, alunos e visitantes de instituições de ensino

Os professores de universidades conveniadas, ou responsáveis de instituições autorizadas, deverão se identificar mediante a apresentação da Carteira de Identidade ou outro documento com fotografia, sendo válida também a Carteira de Motorista, Carteira Funcional, Carteira de Identidade Profissional. Este documento será confrontado com a lista de professores, universidades e instituições autorizadas pela Seção de Ensino e Pesquisa do DML.

O segurança anotará em planilha específica, os dados relativos à identificação do professor ou do responsável (nome completo, número da identidade, órgão de origem – nome da universidade ou instituição – data, hora de entrada, nome do funcionário que autorizou o acesso, hora da saída).

No caso de visitas de Instituições autorizadas (BM, MP, Exército, etc.), o responsável se identificará mediante a apresentação da Carteira de Identidade ou outro documento com fotografia, sendo válida também a Carteira de Motorista, Carteira Funcional, Carteira de Identidade Profissional. Este documento será confrontado com a relação de visitas previamente autorizadas pela Seção de Ensino e Pesquisa do DML.

A planilha será entregue semanalmente à Chefia de Perícias da Capital.

36.4. Acesso dos funcionários que prestam serviços regulares ao DML

As empresas terceirizadas que prestam serviços regulares ao DML, no Serviço de Remoções Fúnebres e na limpeza do prédio, fornecerão crachás aos seus funcionários.

A empresa de transportes terceirizada enviará, mensalmente, ao Setor de Pessoal do DML a listagem do ingresso de novos funcionários, bem como a de demissões.

O serviço de segurança solicitará a identificação do funcionário da empresa terceirizada (crachá de identificação).

36.5. Acesso dos funcionários que prestam serviços eventuais ao DML

Os prestadores eventuais de serviços se identificarão mediante a apresentação da Carteira de Identidade ou outro documento com fotografia, sendo válida também a Carteira de Motorista, Carteira Funcional, Carteira de Identidade Profissional.

O segurança entrará em contato com funcionário do setor a ser encaminhada a pessoa, solicitando a autorização de entrada.

Depois de autorizado o acesso, o segurança anotará em planilha específica os dados relativos à identificação da pessoa (nome completo, número da identidade, órgão de origem – eletricista, manutenção do elevador, manutenção do RX, manutenção da câmara fria, etc. – data, hora de entrada, nome do funcionário que autorizou o acesso, hora da saída).

Os servidores de outros órgãos da Segurança Pública que possuam crachás próprios deverão manter o crachá do órgão de origem fixado à roupa em local visível, sendo os procedimentos de identificação e registros efetuados da mesma forma.

37. Rotina de processamento de roupas – lavanderia

O DML estabeleceu um convênio com o Hospital de Clínicas de Porto Alegre – HCPA – para processamento dos aventais e demais roupas usadas em serviço, com *identificação do IGP*. Esta rotina poderá ser criada pelos PMLs, através de convênios com os hospitais locais.

As roupas serão recolhidas uma vez por semana, sendo devolvidas na semana seguinte, lavadas e passadas.

As roupas sujas deverão ser entregues na secretaria do necrotério até quinta-feira às 18h. Elas serão acomodadas em um local específico na Secretaria do Necrotério, enquanto aguardam encaminhamento para o processamento.

Existe um livro de protocolo para entrega e recebimento do material no HCPA e conferência do número de peças encaminhadas pela Secretaria.

Caberá à Secretaria do Necrotério estabelecer contato toda sexta-feira com o motorista do DML, combinando a hora para o transporte das roupas sujas e o recebimento das roupas processadas.

As roupas processadas estarão à disposição dos funcionários junto à Secretaria do Necrotério a partir da segunda-feira. É importante que toda roupa tenha a identificação do funcionário a que pertence. Esta identificação poderá ser feita com caneta especial, que está à disposição na Secretaria do Necrotério.

38. Rotina para uso dos murais e colocação de cartazes nas áreas internas do DML

Os cartazes deverão ser colados exclusivamente nos murais, não sendo permitida a colocação dos mesmos nos vidros, balcões, colunas ou outros locais.

Serão divulgadas nos murais onde há fluxo de público externo: campanhas institucionais educativas; informações, normas ou rotinas dirigidas a este público.

Serão divulgadas nos murais internos: campanhas institucionais educativas e informativas; comunicações internas de interesse exclusivo dos funcionários; rotinas de trabalho, etc.

Todos os murais deverão ser mantidos atualizados e serão supervisionados pela Divisão de Perícias da Capital.

Nas paredes revestidas por pastilhas será permitida a afixação dos seguintes cartazes: rotinas de trabalho e procedimentos que sejam estritamente necessários naquele local. Estes sempre deverão ser colados com adesivo transparente (papel contact).

Nas paredes não serão permitidos outros tipos de materiais colados, como: adesivos, cartazes, propagandas, etc.

Os cartazes de informações e advertência deverão seguir um padrão institucional.

Demais casos devem ser discutidos com a chefia da Divisão de Perícias da Capital.

39. Rotina para preenchimento da declaração de óbito e encaminhamento de cadáveres para necropsia

39.1. Aspectos jurídicos

A Lei dos Registros Públicos prevê que "nenhum enterramento pode ser feito sem certidão oficial de cartório, extraído após lavratura de assento de óbito feito à vista do atestado médico".

A certidão de óbito é a prova cabal e incontestável do desaparecimento do indivíduo, é o documento que afirma a realidade da morte, tanto jurídica como sanitária. O registro do óbito é obrigatório, sendo documentado pelo atestado passado pelo médico ou pela declaração de duas testemunhas que presenciaram ou verificaram o óbito.

O documento a ser fornecido pelo médico é a Declaração de Óbito, cujo modelo em vigor é composto por 9 partes, e é fornecida aos médicos e instituições hospitalares pela Secretaria Municipal de Saúde.

O médico é responsável pelo preenchimento da Declaração de Óbito em toda a sua extensão, a qual é feita em 3 vias, sendo as duas primeiras entregues à família para o devido registro e sepultamento, e uma permanece anexada ao prontuário do paciente, em caso de óbito hospitalar, ou arquivado junto à cópia do laudo de necropsia do DML, em caso de morte violenta.

39.2. A quem fornecer a Declaração de Óbito (DO)

⇒ Nascimento vivo

Entende-se por NASCIDO VIVO o produto da concepção que depois de expulso ou extraído completamente do corpo da mãe, respira ou dá qualquer outro sinal de vida, quer tenha ou não sido cortado o cordão umbilical e esteja ou não desprendida a placenta. Assim, a criança que nasce com "qualquer" sinal de vida, com qualquer idade gestacional, deve ser considerada nascida viva, tendo, então, direito ao Registro de Nascimento. Se vier a morrer, em qualquer momento posterior, terá direito a uma Declaração de Óbito.

⇒ Perdas fetais

São produtos da concepção extraídos ou expelidos sem vida do corpo da mãe. A melhor doutrina e as mais autorizadas jurisprudências, nacionais e estrangeiras recomendam que o feto que atinge a maturação já pode ser considerado cadáver.

A OMS define "Óbito Fetal", "Perda Fetal" ou "Morte Fetal" como a morte do produto da concepção antes da expulsão do corpo da mãe, independente da duração da gestação. O tempo é usado, apenas para classificar as perdas fetais em: a) precoces, quando o feto tem menos de 20 semanas de vida intrauterina; b) intermediária, quando tem entre 20 a 27 semanas; e c) tardia, com mais de 28 semanas. O aborto corresponde às mortes fetais precoces.

A Lei dos Registros Públicos (Brasil) obriga a que *"mesmo no caso de ter a criança nascido morta, seja promovido o registro de nascimento"*.

A *Resolução n° 1.779/2005, do Conselho Federal de Medicina*, publicada no D.O.U. em 05 de dezembro de 2005, determina que: "Em caso de morte fetal, os médicos que prestaram assistência à mãe ficam obrigados a fornecer a Declaração de Óbito quando a gestação tiver duração igual ou superior a 20 semanas ou o feto tiver peso corporal igual ou superior a 500 (quinhentos) gramas e/ou estatura igual ou superior a 25 cm".

A Declaração de Óbito deve ser preenchida, ressaltando que se trata de *óbito fetal*. No "nome" é colocado apenas NATIMORTO, para o qual, segundo a lei não há nome a ser registrado.

O feto morto com idade gestacional inferior a 20 semanas (peso inferior a 500 g e com menos de 25 cm de comprimento) é considerado, juridicamente, parte da mãe, não havendo obrigatoriedade em se realizar o Registro Civil e fornecer a Declaração de Óbito. Epidemiologicamente, no entanto, estas informações poderiam fornecer subsídio para estudo dos abortamentos. Se houver interesse da família em realizar o sepultamento, o médico pode fornecer a Declaração de Óbito, caso contrário, podem ser incinerados no hospital.

⇒ Peças anatômicas

Peças anatômicas são definidas como vísceras, órgãos ou membros retirados no seu todo ou em parte de um paciente por ato cirúrgico. Peças anatômicas não recebem Declaração de Óbito.

O melhor destino para as peças anatômicas é a incineração; na falta de um incinerador hospitalar, estas peças podem ser enterradas. Nesta situação, elabora-se um documento, especificando o procedimento que foi realizado, e este é encaminhado juntamente com a peça ao cemitério.

⇒ Partes de cadáver

Juridicamente existe cadáver "enquanto persistir conexão entre suas partes". Desta forma, partes de cadáver é um problema de ordem policial. Ossadas ou partes do corpo humano encontradas fora de locais próprios para sepultamento (cemitérios) serão encaminhados aos DMLs ou PMLs pela Autoridade Policial que recebeu a notificação. Ao DML cabe a realização da perícia, com a identificação, se possível, e a emissão de um laudo pericial e da Declaração de Óbito.

39.3. Quem fornece a declaração de óbito?

A princípio, o médico é o responsável pelo fornecimento da DO, bem como por todas as informações contidas no documento.

O Código de Ética Médica prevê que é vedado ao médico:

a) "atestar óbito quando não tenha verificado pessoalmente a realidade da morte ou prestado assistência, salvo como plantonista ou na verificação médico-legal" (art. 52);

b) "deixar de atestar óbito de paciente a que vinha prestando assistência, exceto quando ignorar a causa da morte" (art. 53).

Desta forma, o médico pode ou não estar obrigado a fornecer a DO.

⇒ Mortes violentas

Nos casos de morte violenta (homicídios, suicídios, acidentes de trânsito, acidentes de trabalho, acidentes domésticos e em mortes suspeitas), o médico-legista fornece a DO após a necropsia.

⇒ Mortes naturais

Paciente com médico assistente (hospitalizado ou não): se o médico vinha prestando assistência, e o paciente vem a falecer, cabe a este médico a elaboração da DO, exceto quando ignorar a causa da morte. Neste caso, o paciente poderá ser encaminhado a necropsia em um serviço de patologia do próprio hospital ou de um Serviço de Verificação de Óbito.

Paciente sem médico assistente e hospitalizado: se o paciente não tem médico assistente, mas está sob os cuidados de uma instituição hospitalar, a DO é fornecida por qualquer médico do hospital (plantonista). É da competência do hospital o fornecimento da DO para todos os casos de óbito hospitalar, exceto para os casos de morte violenta.

Paciente sem assistência médica ou com causa desconhecida pelo médico assistente:

- 1º Cidade com Serviços de Verificação de Óbito (SVO): o cadáver é encaminhado a este serviço para a determinação da realidade da morte e sua causa, sendo então fornecida a DO;
- 2º Cidade sem Serviços de Verificação de Óbito (SVO): a DO poderá ser fornecida por um médico da Secretaria da Saúde e, na sua falta, por qualquer médico do município. O médico não tem elementos para firmar o diagnóstico da doença que levou à morte, fornecendo a DO, anotando que de trata de "óbito sem assistência médica". O médico precisa certificar a realidade da morte, bem como a identidade do falecido. Nesta situação, temos um atestado de óbito, e não atestado da causa do óbito. O médico, neste caso, não coloca nenhum diagnóstico no espaço reservado a causa da morte.

Paciente com diagnóstico ou terapêutica indicado por agente não médico ou quem não esteja habilitado:

- A Resolução do Conselho Federal de Medicina nº 1.641/2002, de 12 de julho de 2002, determina que: É vedado aos médicos conceder declaração de óbito em que o evento que levou à morte possa ter sido alguma medida com intenção diagnóstica ou terapêutica indicada por agente não médico ou realizada por quem não esteja habilitado para fazê-lo, devendo, neste caso, tal fato ser comunicado à Autoridade Policial competente a fim de que o corpo possa ser encaminhado ao Instituto Médico-Legal para verificação da causa da morte.
- Nestes casos, os médicos, na função de perito, ainda que *ad hoc*, devem fazer constar de seus laudos o tipo de atendimento realizado pelo não médico, apontando sua possível relação de causa e efeito, se houver, com o dano, lesão ou mecanismo de óbito.

Entende-se por Óbito Hospitalar o *"óbito que se verifica no hospital após o registro do paciente"*. No entanto, o paciente que ainda não está registrado no hospital, mas vem ao óbito, por exemplo, na ambulância do hospital, *recomenda-se* o fornecimento da DO, pois a ambulância funciona como um prolongamento do hospital, logo, o doente já estava sob sua responsabilidade.

⇒ Locais onde não há médicos

Nesta situação, o registro do óbito é promovido em cartório, por "... *duas pessoas que tenham presenciado ou certificado a morte"*.

39.4. Encaminhamento das verificações de óbito

Levando-se em consideração a Portaria Conjunta n° 001, de 12 de fevereiro de 2001, editada pelas Secretarias da Justiça e da Segurança e da Saúde do Estado do Rio Grande do Sul, vale destacar alguns artigos importantes.

Nas mortes naturais, sem assistência médica, a declaração de óbito deverá ser fornecida pelos médicos do serviço público de saúde local, ou por qualquer médico da localidade. Assim, a DO poderá ser fornecida por um médico da Secretaria da Saúde e, na sua falta, por qualquer médico do município. Nestes casos, quando o médico não tem elementos para afirmar o diagnóstico da doença que levou à morte, deverá fornecer a DO anotando que se trata de "óbito sem assistência médica", não devendo constar qualquer diagnóstico no espaço reservado a *causa mortis*.

A ausência no nosso Estado de um Serviço de Verificação de Óbito não determina que estes cadáveres devam ser encaminhados ao DML. O DML é o serviço público encarregado de realizar apenas as necropsias em casos de morte violenta, mediante solicitação da Autoridade Policial.

Nas mortes naturais, com assistência médica, a declaração de óbito deverá ser fornecida pelo médico assistente ou pelo médico substituto pertencente à instituição, em casos de pacientes internados. Nos casos de pacientes acompanhados em regime ambulatorial, a instituição que prestava assistência deverá designar um médico para fornecer a declaração de óbito.

Os pacientes internados em instituições hospitalares, mesmo com dúvida quanto ao diagnóstico da *causa mortis*, não deverão ser encaminhados ao DML. Caso haja necessidade de necropsia clínica, caberá ao médico assistente ou substituto solicitar autorização para sua realização junto à família. É responsabilidade do serviço de patologia da instituição a realização deste procedimento. Salienta-se que não é o tempo de hospitalização o fator determinante para encaminhamento de um cadáver ao DML. Mesmo em casos de internação hospitalar com menos de 24 horas de duração, não havendo evidências de morte violenta ou suspeita, o fornecimento da Declaração de Óbito fica sob responsabilidade do médico assistente ou seu substituto.

É fundamental o entendimento de que o DML não está estruturado e não é sua função realizar necropsias clínicas, ou seja, aquelas para determinação de *causa mortis*, em situações de dúvida diagnóstica por parte da equipe médica. Somente nos casos de morte violenta (homicídios, suicídios, acidentes de trânsito, acidentes de trabalho, acidentes domésticos e em mortes suspeitas) caberá ao médico-legista fornecer a DO após a necropsia. Nos casos de mortes suspeitas, deve o médico responsável pela equipe médica informar no momento do registro da ocorrência qual a sua suspeita em relação ao caso (homicídio, suicídio, acidente), de forma a poder orientar o perito na busca de evidências durante a realização da perícia.

40. Endereços e telefones úteis

- **Palácio da Justiça**
  (Presidência, Corregedoria-Geral e órgãos administrativos).
  Praça Marechal Deodoro, 55 - Centro
  Fone: 3210-7000.
  CEP: 90010-908 – Porto alegre/RS

- **Tribunal de Justiça**
  (1º, 2º e 3º Vice-Presidentes, Secretaria do Tribunal Pleno, Conselho da Magistratura, Secretarias dos Órgãos Jurisdicionais Colegiados e órgãos administrativos).
  Av. Borges de Medeiros, 1565 – Praia de Belas
  Fone: 3210-6000
  CEP: 90110-150 – Porto Alegre/RS

- **Foro Central de Porto Alegre**
  (Varas Criminais).
  Rua Márcio Veras Vidor, nº 10.
  Fone(geral): 3210-6500.
  CEP: 90110-160 – Porto Alegre/RS

- **Tribunal de Justiça Militar do Estado**
  Av. Praia de Belas, 799.
  Fone: 3214-1000(geral)
  CEP: 90010-300 – Porto Alegre/RS

- **Polícia Civil do Estado**
  Av. João Pessoa nº 2050 (Palácio da Polícia)
  Tel: 3288-2400 (geral)
  Cep: 90.040-001 – Porto Alegre/RS

- **Departamento Estadual de Trânsito (DETRAN)**
  Rua Voluntários da Pátria 1358-2º andar
  Tel: 3288-2099
  Cep: 90.230-010 – Porto Alegre/RS

- **Corregedoria-Geral de Polícia (COGEPOL)**
  Av. Oswaldo Aranha nº450
  Tel: 3288-5500(Geral)
  Cep: 90.035-190 – Porto Alegre/RS

- **Brigada Militar do Estado (BM)**
  Rua dos Andradas nº 522
  Tel: 3288-2800 (geral)
  Cep: 90.020-002 – Porto Alegre/RS

- **Secretaria da Segurança Pública/RS**
  Rua Voluntários da Pátria nº 1358
  Tel: 3288-1900 (geral)
  Cep: 90.230-010 – Porto Alegre/RS

- **Superintendência dos Serviços Penitenciária (SUSEPE)**
  Av.Voluntários da Pátria nº 1358
  Tel: 3288-1900(geral)
  Cep: 90.230-010 – Porto Alegre/RS

- **Instituto Geral de Perícias (IGP)**
  Rua Voluntários da Pátria nº 1358/3ºandar
  Tel: 3288-1900(geral)
  Cep: 90230-010 – Porto Alegre/RS

- **CIOSP**
  Fones: 3288-2290; 3288-2295; 3223-1035

- **Centro de Operações – Área Judiciária – Polícia Civil (AJ-CO)**
  Fones: 3288-5000; 3288-5118

- **Departamento Médico-Legal (DML)**

  - Porto Alegre
    Av. Ipiranga nº 1807 - Térreo
    Secretaria do Necrotério: 3288-2659; 3288-2661
    (Informações sobre liberação de corpos, pessoas desaparecidas)
    1º andar (Clínica)
    Recepção da Clínica Médico-Legal: 3288-2673
    2º andar
    Direção: 3288-2650
    Secretaria: 3288-2654 (Atendimento exclusivamente sobre laudos p/ órgãos públicos)
    Recepção: 3288-2656 (Atendimento exclusivamente sobre laudos p/ pessoas físicas)

- **Alegrete – PML**
Av. Assis Brasil, 930
Bairro Cidade Alta – CEP: 97543-000
Fone e Fax: (55) 3426-2702
- **Bagé – PML**
Rua Sete de Setembro, 1270
CEP: 96400-001
Fone: (53) 3241-2967 Fax PI: (53) 3240-7077
- **Bento Gonçalves – PML**
Rua Goiânia, 590
Bairro Botafogo – CEP: 95700-000
Fone e Fax: (54) 3453-5735
- **Cachoeira do Sul – PML**
Rua Comendador Isidoro Neves da Fontoura, 550
CEP: 96501-530
Fone: 3723-4371 Fax DP: 3722-2003
- **Camaquã – PML**
Rua Bernardo Vieira Dias, 485, sala 202
Bairro Olaria – CEP: 96180-000
Fone: (51) 3671-4840 Fax Sec. Saúde:
(51) 3671-6019
Celular Funcional: (51) 8457-1187
- **Canoas – PML**
Hospital da Ulbra
Av. Farroupilha, 8001
Bairro São José – CEP: 92425-900
Fone: (51) 3429-1536; (51) 3464-9625/ramal:
3405-3407 Fax: (51) 3477-4000
- **Carazinho – PML**
Caixa Postal1347 ou Av. Pátria, 735
Centro – CEP: 99500-000
Necrotério: Rua dos Pinheiros, s/nº
Fone DP: (54) 3331-1350; (54) 3331-4108;
(54) 3329-2506 Pedir PML
- **Caxias do Sul (Posto Regional)**
Rua Quintino Bocaiúva, s/nº (ao lado do biotério da UCS)
Bairro Petrópolis – CEP: 95070-680
Fone: (54) 3212-3007; (54) 3212-4199
Fax: (54) 3212-2088
- **Cruz Alta – PML**
Rua José Gabriel, 21
CEP: 98025-460
Fone: (55) 3322-7771/ramal 204
Fax: (55) 3322-6946
Celular Funcional: (55) 8415-2314
- **Erechim – PML**
Rua Itália, 122, 2º andar
Centro – CEP 99700-000
Fone/Fax: (54) 3519-0418
Necrotério: Rua Comandante Kraemer, 405
(Hospital de Caridade)
Fone: (54) 3520-8400/ramal 8514
- **Frederico Westphalen – PML**
Centro de Saúde/ Unidade Sanitária de Frederico Westphalen
Rua 21 de Abril, s/nº CEP: 98400-000
Fone: (55) 3744-3244 Fax: (55) 3744-6922

- **Ijuí – PML**
Rua Coronel Dico, 759 - CEP: 98700-000
Fone: (55) 3332-8800; (55) 3333-0483
Fax UGEIRM: (55) 3332-8847
Necrotério: Rua Dom Pedro I, 10/fundos
- **Lagoa Vermelha – PML**
Rua Afonso Pena, 36, subsolo
Centro – CEP: 95300-000
Fone: (54) 3358-8126; (54) 3358-1771;
(54) 3358-1247 Fax PI: (54) 3358-2422
- **Lajeado – PML**
Rua João Batista de Mello, 509
Centro – CEP: 95900-000
Fone: (51) 3748-3060
Necrotério: Rua da Paz, s/nº
Fone: (51) 3714-4526
- **Novo Hamburgo (Posto Regional)**
Rua David Canabarro, 58
Centro – CEP: 93510-020
Fone e Fax: (51) 3582-1273
Celular Funcional: (51) 8457-1026
- **Osório (Posto Regional)**
Rua Major João Marques da Rosa, 2346
Bairro Albatroz – CEP: 95520-000
Fone e Fax: (51) 3663-6900 Celular Funcional:
(51) 8457-1147
- **Palmeira das Missões – PML**
Rua Nassebe Nassife, s/n.º
Loteamento Céu Azul – Fumpham CEP: 98300-000
Fone: (55) 3742-1003; (55) 3742-1364
Celular Funcional: (55) 8415-1102
- **Passo Fundo – PML**
Av. Paissandú, 1576–Campus 3 da UPF
CEP: 99010-000
Fone e Fax: (54) 3312-0101
Necrotério: (54) 3316-8305
- **Pelotas (Posto Regional)**
Rua Quinze de Novembro, 776
CEP: 96015-000
Fone: (53) 3225-5875
Celular Funcional: (53) 8415-1591
Necrotério: Rua General Neto, 1723
Fone: (53) 3227-7694
- **Rio Grande – PML**
Rua General Osório 625 (fundos do hospital)
CEP: 96200-400
Fone e Fax: (53) 3233-2266
- **Santa Cruz do Sul – PML**
Av. Marechal Deodoro 805
Centro – CEP: 96810-110
Fone e Fax: (51) 3711-7564
Celular Funcional: (51) 8457-1013
Necrotério: Av. Independência s/nº
- **Santa Maria (Posto Regional)**
Rua Marechal Floriano Peixoto, 1750
Centro – CEP: 97015-372
Fone e Fax: (55) 3217-1282
Celular Funcional: (55) 8415-2317 e (55) 8415-2326

- **Santa Rosa – PML**
Rua São Luís, 2201
Centro – CEP: 98900-000
Fone e Fax: (55) 3512-9257
- **Santana do Livramento (Posto Regional)**
Prefeito Antônio Fernandes da Cunha, 364
Centro – CEP: 97573-610
Fone e Fax: (55) 3241-3904
Celular Funcional: (55) 8415-1097
- **Santo Ângelo (Posto Regional)**
Rua Antunes Ribas, 3653, fundos, esquina Rua Padre Anchieta
CEP: 98803-230
Fone: (55) 3312-5502
Celular Funcional: (55) 8415-2333
- **São Borja – PML**
Hospital São Francisco
Rua Olinto Arami Silva, 362
Centro – CEP: 97670-000
Fone: (55) 3431-6069 Fax: (55) 3431-4343
- **São Gabriel – PML**
Rua João Manoel, 508.
Centro – CEP: 97300-000
Fone e Fax: (55) 3232-1852
- **São Jerônimo – PML**
Rua Ramiro Barcelos, 292
CEP: 96700-000
Fone: (51) 3651-1999
Necrotério: Rua Antônio de Carvalho; s/nº, esq. RS 401 (ao lado da Ulbra)
Fone: 3651-5352 Fax: 3651-1948
- **São Leopoldo – PML**
Rua Teodomiro Porto da Fonseca, 1105
CEP: 93340-033
Fone: (51) 3575-2560
Fax: (51) 3575-2583

- **São Luiz Gonzaga – PML**
Rua Bento Soeiro de Souza, s/nº – anexo ao Hospital Materno Infantil
CEP: 97800-000
Fone: (55) 3352-4399/ramal 214
Fax: (55) 3352-4020
- **Santiago – PML**
Rua Severino Azambuja, 103
Bairro Santiago Pompeo – CEP: 97700-000
Fone: (55) 3249-1005 Fax: (55) 3251-2770
- **Soledade – PML**
Av. Maurício Cardoso, 919 – Posto de Saúde
CEP: 99300-000
Fone: (54) 3381-1146 Fax: (54) 3381-1137
- **Taquara – PML**
Rua Guilherme Lahm,1476
Centro – CEP: 95600-000
Fone: (51) 3541-7198 Fax do DI: (51) 3541-3991
Celular Funcional: (51) 8457-1049
Necrotério: (51) 3542-1131
- **Três Passos – PML**
Rua Salgado Filho s/nº ao lado da Câmara de Vereadores
CEP: 98600-000
Fone e Fax: (55) 3522-8376 e (55) 3522-1537
Celular Funcional: (55) 8415-2322
- **Uruguaiana (Posto Regional)**
Presidente Vargas, 3905, 2ª sala (entrada pela garagem)
CEP: 97510-431
Fone e Fax: (55) 3411-1890; (55) 3411-1410 e (55) 3411-9461
- **Vacaria – PML**
Av. Julio de Castilho, 654
CEP: 95200-000
Fone: (54) 3232-6230

41. Referências

Apresentamos a seguir sugestões de algumas referências bibliográficas recomendadas para estudos complementares na área da Medicina Legal.

ALCÂNTARA, H. R. *Perícia Médica Judicial*. Rio de Janeiro: Guanabara Dois, 1982.
ALMEIDA JR, A.; COSTA JR, J. B. *Lições de Medicina Legal*. 19ª ed. São Paulo: Editora Nacional, 1987.
BENFICA, F. S.; VAZ, M. Medicina Legal. 2ª ed. Porto Alegre: Livraria do Advogado, 2011.
CARVALHO, H .V. *Compêndio de Medicina Legal*. São Paulo: Saraiva, 1978.
CROCE, D.; CROCE JR., D. *Manual de Medicina Legal*. 8ª ed. São Paulo: Saraiva, 2012.
DI MAIO, D.; DI MAIO, V. J. M. *Forensic Pathology*, Ann Arbor, CRC Press,1993.
FÁVERO, F. *Medicina Legal*. 11ª ed. Belo Horizonte: Itatiaia, 1975.
FRANÇA, G. V. *Medicina Legal*. 9ª ed. Rio de Janeiro: Guanabara, 2011.
GOMES, H. *Medicina Legal*. 24ª ed. Rio de Janeiro: Freitas Bastos, 1985.
MARANHÃO, O. R. *Curso Básico de Medicina Legal*. 4ª ed. São Paulo: Revista dos Tribunais, 1989.
MORAES, J. M. *Manual de Medicina Legal*. Belo Horizonte: Health, 1998.
RABELO, E. *Balística Forense*. 2ª ed. Porto Alegre: Sulina, 1982.
SALLES JR, R. A. *Lesões Corporais*. 3ª ed. São Paulo: Sugestões Literárias, 1985.
SAFERSTEIN, R. *Forensic Science Handbook*. New Jerssey: Prentice Hall, 1987.
SILVA, J. A. F. *Tratado de Direito Funerário*. São Paulo: Método Editora, 2000.
SPITZ, W. U. *Medicolegal Investigation of Death*. 3rd. ed. Springfield: Thomas Books, 1993.
VANRELL, J. P. *Manual de Medicina Legal*. São Paulo: Editora de Direito, 1996.
XAVIER FILHO, E. F. *Manual de Perícias Médico-Legais*. Porto Alegre: Síntese, 1980.

42. Anexos

42.1. Modelos de recibos de entrega de declaração de óbito e de cadáver

---

RECIBO DE ENTREGA DE DECLARAÇÃO DE ÓBITO

Eu, _____, RG nº _____
                (nome do familiar em 1° grau)

recebi a DECLARAÇÃO DE ÓBITO nº _____,

em nome de _____, meu _____,
              (nome do cadáver)   (grau de parentesco 1° grau)

no dia ____/____/20___, para realizar o registro em cartório.

_____
(Assinatura do familiar)

_____
(Endereço do familiar)

RECIBO DE ENTREGA DE CADÁVER
(com serviço funerário)

Os familiares de__ _____
                              (nome do cadáver)
autorizam os serviços da Funerária_____,
                                          (nome da funerária)
que foi chamada pelo familiar _____, RG nº _____.
                                   (nome do familiar em 1° grau)   (nº da identidade)

O corpo foi retirado às _____ horas do dia _____/_____/_____, pelo agente funerário

_____, Identidade Funcional nº _____,
(nome do funcionário da funerária)
RG nº _____, e levado para a capela do cemitério _____

_____, onde será sepultado.
(nome do cemitério)

O Familiar declara que nada lhe foi imposto com relação à escolha da funerária e ao tipo de serviço prestado, bem como que nada lhe foi cobrado neste Departamento Médico-Legal.

Assinatura do familiar: _____
Endereço do familiar: _____

Nome do funcionário do DML: _____
Assinatura do funcionário DML: _____

Manual atualizado de rotinas do DEPARTAMENTO MÉDICO-LEGAL
do Estado do Rio Grande do Sul

42.2. Modelo de comunicação de falecimento para publicação

COMUNICAÇÃO DE FALECIMENTO N° 01

O Departamento Médico-Legal de Porto Alegre comunica que se encontra em suas dependências o cadáver

do Sr. _____,
(nome do cadáver)
filho de _____ e de _____,
(nome da mãe) (nome do pai)
nascido na data de ____/____/____, na cidade de _____,
(nome da cidade)
falecido no dia ____/____/____.

Familiares ou responsáveis legais entrar em contato com a Secretaria do Necrotério deste DML, sito à Av. Ipiranga, n° 1807, Porto Alegre – RS.

42.3. Modelo de termo de doação de cadáver

GOVERNO DO ESTADO DO RIO GRANDE DO SUL
SECRETARIA DA SEGURANÇA PUBLICA
DEPARTAMENTO MÉDICO LEGAL

**TERMO DE DOAÇÃO DE CADÁVER NÃO RECLAMADO
PARA FINS DE ESTUDO E PESQUISA**

O Departamento Médico-Legal de Porto Alegre, cumprindo as exigências da Lei 8.501 de 30 de novembro de

1992, faz a doação do cadáver de _____,
(nome do cadáver ou n° do "Post mortem")
juntamente com a Declaração de Óbito n° _____, à Universidade _____,
(nome da universidade)
na pessoa do Sr. _____, RG nº _____.
(nome do responsável pela retirada)

A Instituição de Ensino acima nominada passa a ser responsável pela guarda e posterior sepultamento do cadáver recebido, levando na presente data a Declaração de Óbito correspondente devidamente preenchida. Anexo a este termo ficam os 10 editais de comunicação de falecimento publicados em um jornal de grande circulação estadual, caso a identidade do cadáver seja conhecida.

Porto Alegre, ____ de _____ de ____.

_____
Nome e assinatura do funcionário do DML

_____
Assinatura do funcionário da Universidade

42.4. Tabela com orientação para coleta e acondicionamento de materiais para o laboratório

Tipo de Exame	Amostra	Acondicionamento
DNA em cadáveres (necropsia e exumação)	Sangue	Frasco Vacutainer com tampa ROXA (com anticoagulante EDTA).
	Fragmento de músculo	Potes plásticos limpos
	Secreções orais, vaginais, anais e mamilar	SWABS estéreis
	Cabelos e pelos pubianos aderidos ao corpo da vítima (não fixos à vítima)	Coletar com auxílio de pinças LIMPAS e acondicionar em envelopes de papel LIMPOS
	Material sub-ungueal	SWABS estéreis
	Unhas	Coletar com auxílio de bisturi ou tesoura LIMPOS e acondicionar em potes plásticos LIMPOS
DNA em pessoas vivas	Sangue	Frasco Vacutainer com tampa ROXA (com anticoagulante EDTA).
	Secreções orais, vaginais, anais e mamilar	SWABS estéreis
	Material sub-ungueal	SWABS estéreis
	Mucosa Oral	SWABS estéreis
PSICOTRÓPICOS (cocaína, THC, anfetaminas, antidepressivos, benzodiazepínicos, fenotiazínicos, barbitúricos e outros); EM PESSOAS VIVAS	Urina (20 a 80 ml)	Frasco de polipropileno com tampa rosca (verde, branca, azul);
VENENOS (estricnina, organofosforados, carbamatos, raticidas, cianeto, nitrito, arsênico e outros); EM PESSOAS VIVAS	Sangue (5 ml)	Vacutainer c/ NaF (tampa cinza)
PSICOTRÓPICOS (cocaína, THC, anfetaminas, antidepressivos, benzodiazepínicos, fenotiazínicos, barbitúricos e outros); EM CADÁVERES	Urina (punção na bexiga, tanto quanto possível)	Frasco de polipropileno com tampa rosca (verde, branca, azul);
	Sangue (5 ml)	Vacutainer c/ NaF (tampa cinza)
	Estômago e conteúdo (amarrado)	Frasco de vidro grande com tampa rosca e boca larga (500ml a 1000ml)
VENENOS (estricnina, organofosforados, carbamatos, raticidas, cianeto, nitrito, arsênico e outros); EM CADÁVERES	Fígado (50 g)	Frasco de polipropileno com tampa rosca
	Rim (50 g)	Frasco de polipropileno com tampa rosca
	Cérebro (50 g)	Frasco de polipropileno com tampa rosca
	Vômito	Frasco de polipropileno com tampa rosca
ALCOOLEMIA em pessoas vivas	Sangue (5 ml)	Vacutainer tampa cinza
	Urina (20 a 80ml)	Frasco de polipropileno com tampa rosca
ALCOOLEMIA em cadáveres	Sangue (5 ml)	Vacutainer tampa cinza
	Urina (punção na bexiga, tanto quanto possível)	Frasco de polipropileno com tampa rosca
	Humor vítreo (tanto quanto possível)	Vacutainer tampa cinza
CARBOXIEMOGLOBINA	Sangue (encher o tubo o máximo possível)	Vacutainer tampa ROXA

Atenção: Não enviar vísceras em formol. Quando o estômago e o conteúdo não couberem em um único frasco, enviar o estômago em um frasco de vidro e o conteúdo em outro. Não enviar em sacos plásticos.

42.5. Exames oferecidos de rotina pelo laboratório de perícias – toxicologia

Tabela 1: **no Vivo**

Perícia	Código perícia	Exames oferecidos	Código exame	Amostras que podem ser coletadas
Verificação Embriaguez alcoólica	12	Teor Alcoólico	24	Sangue/urina
Ver. Embr. Alcoólica e toxicológico	20	Teor Alcoólico	24	Sangue/Urina
		Pesquisa de psicotrópicos (THC e Cocaína)	25	Urina

Tabela 2: **no Morto**

Perícia	Código perícia	Exames oferecidos	Código exame	Amostras que podem ser coletadas
Verificação de óbito (morte suspeita)	50	Teor Alcoólico	24	Sangue/urina
		Pesquisa de psicotrópicos (THC e Cocaína)	25	Urina
		Pesquisa de psicotrópicos (vísceras)	26	Estômago e conteúdo/fígado/cérebro
		Pesquisa de venenos (vísceras)	28	Estômago e conteúdo/fígado
Acidente de transito	51	Teor Alcoólico	24	Sangue/urina
		Pesquisa de psicotrópicos (THC e Cocaína)	25	Urina
Homicídios	52, 53, 54, 55, 56, 57, 85, 90	Teor Alcoólico	24	Sangue/urina
		Pesquisa de psicotrópicos (THC e Cocaína)	25	Urina
suicídios	58 59 60	Teor Alcoólico	24	Sangue/urina
		Pesquisa de psicotrópicos (THC e Cocaína)	25	Urina
Suicídio – outros	61	Teor Alcoólico	24	Sangue/urina
		Pesquisa de psicotrópicos (THC e Cocaína)	25	Urina
		Pesquisa de psicotrópicos (vísceras)	26	Estômago e conteúdo/fígado/cérebro
		Pesquisa de venenos (vísceras)	28	Estômago e conteúdo/fígado
Morte acidental	62 70 71 73 81	Teor Alcoólico	24	Sangue/urina
		Pesquisa de psicotrópicos (THC e Cocaína)	25	Urina
		Pesquisa de plâncton*	35	Pulmão
		Pesquisa monóxido de carbono**	30	sangue
Morte acidental – outros	74	Teor Alcoólico	24	Sangue/urina
		Pesquisa de psicotrópicos (THC e Cocaína)	25	Urina
		Pesquisa de psicotrópicos (vísceras)	26	Estômago e conteúdo/fígado/cérebro
		Pesquisa de venenos (vísceras)	28	Estômago e conteúdo/fígado
Morte acidental por fulguração	72	...	...	...

Envenenamento por defensivo agrícola	64	Teor Alcoólico	24	Estômago e conteúdo/fígado
		Pesquisa de venenos (vísceras)	28	
Envenenamento – outros	65	Teor Alcoólico	24	Sangue/urina
		Pesquisa de psicotrópicos (THC e Cocaína)	25	Urina
		Pesquisa de psicotrópicos (vísceras)	26	Estômago e conteúdo/fígado/cérebro
		Pesquisa de venenos (vísceras)	28	Estômago e conteúdo/fígado
Acidente do trabalho	66 67 68	Teor Alcoólico	24	Sangue/urina
		Pesquisa de psicotrópicos (THC e Cocaína)	25	Urina
		Pesquisa de psicotrópicos (vísceras)	26	Estômago e conteúdo/fígado/cérebro
Acidente do trabalho – outros	69	Teor Alcoólico	24	Sangue/urina
		Pesquisa de psicotrópicos (THC e Cocaína)	25	Urina
		Pesquisa de psicotrópicos (vísceras)	26	Estômago e conteúdo/fígado/cérebro
		Pesquisa de venenos (vísceras)	28	Estômago e conteúdo/fígado
nvenenamento	79	Teor Alcoólico	24	Sangue/urina
		Pesquisa de psicotrópicos (THC e Cocaína)	25	Urina
		Pesquisa de psicotrópicos (vísceras)	26	Estômago e conteúdo/fígado/cérebro
		Pesquisa de venenos (vísceras)	28	Estômago e conteúdo/fígado
		Nitritos***		Estômago e conteúdo/fígado

Exames que não são oferecidos de ROTINA pelo laboratório, mas podem ser solicitados para casos específicos com justificativa do perito: Anfetaminas (ecstasy); opioides; benzodiazepínicos.

Conforme o comemorativo do caso, o perito terá autonomia para solicitar mais exames laboratoriais (toxicologia) do que os fornecidos de rotina, especialmente se não houver informações sobre o caso e sempre que existam evidências de tratar-se de morte suspeita. Nestes casos o pedido deverá estar acompanhado de uma justificativa.

* Laboratório de Patologia – para casos de AFOGAMENTO (62)
** Para casos de QUEIMADURAS (70)
*** Para casos de ENVENENAMENTO POR SALITRE (79)

42.6. Tabela explicativa para coleta de material para exame de DNA em casos de crimes sexuais

Amostras a serem coletadas	Amostra coletada	Material
- Amostra Questionada (material coletado na vítima, contendo material biológico do agressor)	- 3 (três) swabs de cada região: vaginal, anal, mamilar, subungueal, conforme histórico do caso	- Swabs com ponta de algodão, estéreis, embalados individualmente (NUNCA com ponta de escova)
- Vestes da Vítima	-Envelope de papel	
- Amostra de Referência em Vivos (material coletado da vítima)	-Sangue (1 tubo) preferencialmente	- Tubo Vacutainer® com EDTA (tampa roxa)
	-Swab oral (3 swabs) (na impossibilidade de coletar sangue)	- Swabs com ponta de algodão, estéreis, embalados individualmente
Amostra de Referência em Mortos – (2 amostras de origens diferentes, em ordem de preferência, observando-se o estado de conservação das amostras)	- Sangue (1 tubo)	- Tubo Vacutainer® com EDTA (tampa roxa)
	- Músculo (fragmento)	- Pote de urina estéril
	- Dentes molares (3)	- Pote de urina estéril
	- Dentes não molares (3)	- Pote de urina estéril
	- Cabeça de fêmur	- Saco plástico

TUBOS PARA COLETA DE SANGUE PARA EXAMES DE ROTINA

Cor da Tampa	Instruções de Uso	Exames
Vermelho (ativador de coágulo)	inverter 8 a 10 vezes	HIV
Roxo (EDTA)	inverter 8 a 10 vezes	DNA e Monóxido de Carbono
Cinza (fluoreto de sódio)	inverter 8 a 10 vezes	Teor Alcoólico

Demais exames, consultar o Laboratório de Genética: Av. Azenha, 255 – CEP 90160-000 – Porto Alegre/RS Fone/Fax: 32336477 e-mail: laboratoriodna@igp.rs.gov.br

42.7. Modelo de encaminhamento para realização de exame complementar

---

Departamento Médico-Legal de Porto Alegre

EXAME COMPLEMENTAR

Novo exame: ____/____/20____ das 8 às 18 h.

Obs: Caso esta data seja sábado, domingo ou feriado, retornar no próximo dia útil.

Trazer documentação médica e/ou hospitalar atualizada.

Data: ____/____/____ Perito: _____

42.8. Modelo de relatório de coleta de vestígios de tiro de arma de fogo em mãos

---

DEPARTAMENTO DE PERÍCIAS LABORATORIAIS
DIVISÃO DE QUÍMICA FORENSE
Av. Ipiranga, 1807 – CEP: 90160-093 – Porto Alegre/RS
Fone: 32882664 – Fone/Fax: 32882664
e-mail: laboratorio@igp.rs.gov.br

1) ÓRGÃO SOLICITANTE:
( ) PDC de .... ( ) DC
( ) PDML de .... ( ) DML

2) ÓRGÃO DE DIFUSÃO:
( ) DP de ....

3) IDENTIFICAÇÃO DO PERICIADO ( ) vivo ( ) morto:
Nome: _____ RG _____
Periciado acompanhado por autoridade policial (no caso de vivos)? ( ) Sim ( ) Não
( ) Periciado não apresentou identificação

4) ESTADO GERAL DAS MÃOS:
( ) Aparentemente Limpas ( ) Levemente sujas ( ) Muito sujas
( ) Com manchas escuras ( ) Com sangue ( ) _____

DATA DA COLETA: _____ HORA DA COLETA: _____ h _____ min.

_____
Assinatura do Periciado

_____
Nome, cargo e Assinatura do responsável pela coleta

ATENÇÃO: ENCAMINHAR JUNTO COM O KIT PADRÃO DE COLETA E ANEXADO AO OFÍCIO DE SOLICITAÇÃO DA DELEGACIA

42.9. Modelo de solicitação de perícia psíquica

SOLICITAÇÃO DE PERÍCIA PSÍQUICA DE ADULTOS NO DML

Nome do periciado: ....

Endereço: ....

Telefone: ....

Laudo nº: .... Protocolo nº: ....

Perícia: ( ) Psiquiátrica ( ) Psicológica

Motivo: ....
....
....
....

        Data: ....../....../......

        Nome do perito: ....

        Assinatura: ....

42.10. Modelo de documento de orientação para pesquisas no DML

ROTINAS PARA REALIZAÇÃO DE TRABALHOS DE PESQUISA NO DML

Dispõe sobre acesso às dependências do DML, incluindo necrotério, clínica médicolegal, crai, odontologia-legal, psiquiatria, psicologia, assistência social, posto médico-legal do interior do Estado, para fim de estudo ou pesquisa.

I – Todo profissional interessado em ter acesso a dependências do Departamento Médico-Legal (DML) para desenvolver estudo de seu interesse deverá encaminhar, à Direção do DML, uma *Carta de Apresentação*, da Instituição de Ensino Superior (IES) a qual esteja vinculado. A Instituição de Ensino deverá ter Convênio, atualizado, estabelecido com o Instituto Geral de Perícias (IGP). A Carta de Apresentação deverá conter

    1. nome da Instituição a que está vinculado;

    2. nome do orientador ou do pesquisador responsável;

    3. nome do pesquisador que desenvolverá o estudo;

    4. tempo previsto para realização do trabalho.

II – Junto com a Carta de Apresentação, deverão ser anexados os seguintes documentos:

    1. projeto de Pesquisa com descrição dos aspectos técnicos do trabalho.

    2. parecer emitido pelo Comitê de Ética em Pesquisa da IES a que o profissional se vincula, autorizando a realização do trabalho;

    3. parecer emitido por Comitê de Ética em Pesquisa de IES devidamente reconhecido pela Comissão Nacional de Ética em Pesquisa, caso a IES a que se vincule não possua um, autorizando a realização do trabalho.

III– Caberá ao pesquisador obter junto ao familiar, a assinatura do "Termo de Consentimento Livre e Esclarecido" quando este procedimento for indicado pelo Comitê de Ética em Pesquisa.

IV – Em caso de uso de material arquivado e/ou de dados de laudo, assim como em todos os trabalhos envolvendo dados pessoais o pesquisador deverá assinar o "Termo de Responsabilidade pela Confidencialidade, Divulgação e Utilização de Dados em Trabalhos de Pesquisa Realizados no DML"

V – Cumpridos os requisitos citados neste documento, a solicitação será examinada pela Seção de Ensino e Pesquisa do DML, que verificará os documentos apresentados, disponibilidade e condição de atendimento. O chefe da SEP, após avaliação do projeto, fará contado com o pesquisador solicitante para discutir a realização da pesquisa.

VI – Nos casos de autorização para acesso a dependências do DML será emitido um ofício constando e relação nominal do(s) pesquisador(es) liberados para o trabalho. Este ofício ficará na Portaria do DML, onde o(s) pesquisador(es) fará(ão) a sua identificação.

VII – Os trabalhos de pesquisa somente poderão ser realizados quando estes não interferirem na rotina do DML. O trabalho pericial do DML não poderá ser limitado ou suspenso em decorrência de pesquisas ou visitas-estudo às dependências do necrotério. Caberá ao perito responsável pelo necrotério avaliar esta situação e autorizar ou não a realização do trabalho naquele momento.

VIII – O pesquisador deverá informar por escrito à Seção de Ensino e Pesquisa relatório final das atividades realizadas, juntamente com uma cópia do trabalho final.

IX – É proibido expressamente destinar cadáver para fim de estudo, quando houver indício de morte resultante de ação criminosa, conforme dispõe o parágrafo 3.º do art 3.º da Lei 8.501, de 30 de novembro de 1992, e em consonância com as particularidades inerentes à atividade pericial.

X – É vedado realizar, nas dependências do necrotério, fotografia ou filmagem, excetuando-se aquelas de interesse do próprio DML, na execução de laudo pericial, ou nos trabalhos de pesquisa que tenham autorização por escrito, neste caso sendo preservada a identidade do cadáver.

XI – Todas as implicações éticas e legais decorrentes do não cumprimento do protocolo aprovado e das rotinas estabelecidas neste documento serão de inteira responsabilidade do pesquisador e seu orientador.

Ciente:

Assinatura do Pesquisador: _____

Nome do Pesquisador: _____

Recebido em: ____/____/____

42.11. Modelo de documento de orientação para visitas no DML

ROTINAS PARA REALIZAÇÃO DE VISITAS DE ESTUDO AO DML

Dispõe sobre acesso às dependências do DML, incluindo necrotério e posto médico-legal do interior do Estado, para fim de visita de estudo.

I – O acesso ao DML para visitas de estudo é restrito aos alunos de Instituições de Ensino Superior (IES) e de cursos de capacitação de servidores da Secretaria de Segurança Pública ou de interesse do DML.

II – No caso das IES, este acesso é limitado a alunos e professores, especificamente das Faculdades de Medicina, Direito e Odontologia, que comprovadamente tenham a disciplina de Medicina Legal no seu currículo.

III – O acesso às dependências do DML fica restrito à sala de aula e ao necrotério.

IV – O acesso somente será permitido mediante acompanhamento do professor da disciplina.

VI – O acesso à dependência do necrotério não poderá ocorrer em grupos grandes, que dificultem as atividades da rotina do trabalho.

VII – Os alunos de curso de Medicina deverão, necessariamente, trajar jaleco com identificação da Instituição de origem. Ao aluno de outro curso recomenda-se o uso de jaleco com identificação da Instituição de origem.

VIII – A IES que solicita a visita deverá encaminhar ofício à Direção do DML detalhando o motivo da visita-estudo, nome do professor responsável e número de alunos.

IX – O trabalho pericial do DML não poderá ser limitado ou suspenso em decorrência de visita-estudo à dependência do necrotério.

X – Nas dependências do DML deverão ser seguidas as seguintes exigências:
1. proibição de fotografia e/ou filmagem;
2. não utilização de telefone celular

XI – Todos que receberem autorização para acesso às dependências do DML deverão ser orientados sobre o sigilo das informações obtidas.

42.12. Modelo de termo de confidencialidade

TERMO DE RESPONSABILIDADE PELA CONFIDENCIALIDADE, DIVULGAÇÃO, UTILIZAÇÃO E DESTINO DE DADOS E MATERIAIS OBTIDOS PARA TRABALHOS TÉCNICOS, ARTÍSITICOS E DE PESQUISA NO DML

Assumo neste termo o compromisso de ao utilizar materiais, dados e/ou informações coletados, direta ou indiretamente (laudos) em acervo do DML, assegurar a confidencialidade e a privacidade dos mesmos. Assumo ainda neste termo o compromisso de utilizar os materiais e dados coletados somente para o projeto ao qual se vinculam e ao final do mesmo encaminhá-los para um destino adequado.

Material Coletado/Doado:

- ....

- ....

Assinatura do Responsável: _____

Nome do Responsável: _____

Recebido em: ____/____/____

Ciente pelo DML: _____

42.13. Modelo de encaminhamento em casos de acidentes de punção

GOVERNO DO ESTADO DO RIO GRANDE DO SUL
SECRETARIA DA JUSTIÇA E DA SEGURANÇA
INSTITUTO GERAL DE PERÍCIAS
DEPARTAMENTO MÉDICO LEGAL

Ao Hospital Sanatório Partenon:

Encaminho o servidor(a) Sr(a): ....

para atendimento por acidente do trabalho.

Descrição do acidente:

Atenciosamente,

_____
Diretor do DML

Porto Alegre, _____

42.14. Figuras anatômicas

Nome do Periciado:_____
N.º do Protocolo:_____ N.º da Requisição:_____

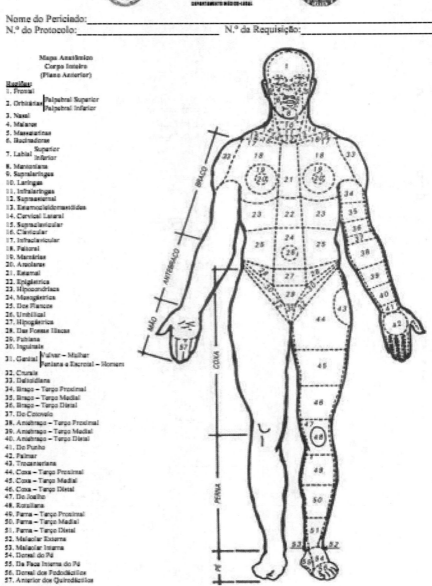

Visto do Legista:_____

Nome do Periciado: _____
N.º do Protocolo: _____ N.º da Requisição: _____

**Mapa Anatômico
Corpo Inteiro
(Plano Posterior)**

Regiões:
1. Parietais
2. Temporais
3. Mastóidea
4. Occipital
5. Nuca
6. Supraescapular
7. Escapular
8. Infra-escapular
9. Lombar
10. Ilíaca
11. Glútea
12. Trocanteriana
13. Raquidiana Torácica
14. Raquidiana Lombar
15. Sacral
16. Anal
17. Acromial
18. Deltoidiana
19. Braço – Terço Superior
20. Braço – Terço Médio
21. Braço – Terço Inferior
22. Cotovelo
23. Antebraço – Terço Superior
24. Antebraço – Terço Médio
25. Antebraço – Terço Inferior
26. Punho
27. Dorsal da Mão
28. Coxa – Terço Superior
29. Coxa – Terço Médio
30. Coxa – Terço Inferior
31. Poplítea
32. Perna – Terço Superior
33. Perna – Terço Médio
34. Perna – Terço Inferior
35. Maleolar Interna
36. Maleolar Externa
37. Dorsal do Pé
38. Calcânea

Visto do Legista: _____

Manual atualizado de rotinas do DEPARTAMENTO MÉDICO-LEGAL
do Estado do Rio Grande do Sul

145

Nome do Periciado: _____
N.º do Protocolo: _____ N.º da Requisição: _____

**Mapa Anatômico
Corpo Inteiro
(Planos Laterais)**

Regiões:
1. Frontal
2. Parietal
3. Occipital
4. Temporal
5. Lateral do Rosto
6. Anterior do Pescoço
7. Lateral do Pescoço
8. Nuca
9. Ombro
10. Lateral Externa do Braço
11. Lateral Externa do Cotovelo
12. Lateral Externa do Antebraço
13. Lateral Externa do Punho
14. Lateral Externa da Mão
15. Lateral do Tórax
16. Dorsal
17. Abdominal
18. Do Flanco
19. Lombar
20. Quadril
21. Glúteo
22. Lateral Externa da Coxa
23. Lateral Externa do Joelho
24. Lateral Externa da Perna
25. Lateral Externa do Tornozelo
26. Dorsal do Pé
27. Pododáctilos
28. Lateral do Pé
29. Lateral Calcâneo

Visto do Legista: _____

146 *Francisco Silveira Benfica – Márcia Vaz
Marcos Rovinski – Mario Sérgio Trindade Borges da Costa*

Nome do Periciado:_____
N.º do Protocolo:_____ N.º da Requisição:_____

**Mapa Anatômico
Busto
(Plano Anterior)**

Regiões:
1. Frontal
2. Parietal
3. Temporal
4. Superciliar
5. Glabear
6. Orbicular
7. Zigomática
8. Malar
9. Nasal
10. Masseterina
11. Bucinadora
12. Labial
13. Mentoniana
14. Supralaríngea
15. Laríngea
16. Esternocleidomastoidea
17. Infralaríngea e Supraesternal
18. Supraclavicular
19. Clavicular

Visto do Legista:_____

Manual atualizado de rotinas do DEPARTAMENTO MÉDICO-LEGAL
do Estado do Rio Grande do Sul   **147**

Nome do Periciado: _____
N.º do Protocolo: _____ N.º da Requisição: _____

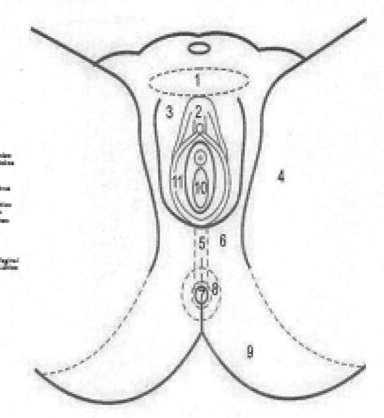

Visto do Legista: _____

*Francisco Silveira Benfica – Márcia Vaz
Marcos Rovinski – Mario Sérgio Trindade Borges da Costa*

Nome do Municiado:_____
N.º do Protocolo:_____ N.º da Requisição:_____

Mapa Anatômico
Genitália Masculina

Regiões:
1. Suprapúbica
2. Peniana
3. Escrotal
4. Da Raiz da Coxa
5. Da Rafe Perineal
6. Perineal
7. Anal
8. Perianal
9. Glútea

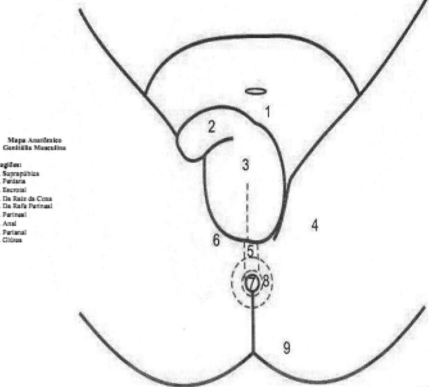

Visto do Legista:_____

Manual atualizado de rotinas do DEPARTAMENTO MÉDICO-LEGAL
do Estado do Rio Grande do Sul

Nome do Periciado:_____
N.º do Protocolo:_____ N.º da Requisição:_____

**Mapa Anatômico
Pavilhões Auriculares**

Regiões:
1. Do Hélix
2. Do Anti-hélix
3. Da Fosseta do Anti-hélix
4. Do Trago
5. Do Antitrago
6. Do Lóbulo
7. Da Concha
8. Do Orifício Externo do Conduto Auditivo

Visto do Legista:_____

Impressão:
Evangraf
Rua Waldomiro Schapke, 77 - POA/RS
Fone: (51) 3336.2466 - (51) 3336.0422
E-mail: evangraf.adm@terra.com.br